『会社四季報』で発見

10倍稼ぐ！ESG株

瀧澤 信
Shin Takizawa

ビジネス社

はじめに

この本を手に取っていただき、誠にありがとうございます。

投資というと、どんなイメージをお持ちですか？

ひょっとすると、お金さえ儲かればいい世界、という印象があるかもしれません。もちろん、お金を稼ぐことはとても大切なことですし、欠かせないことです。しかし、人を蹴落としてまで自分だけが儲かればいい、と思う人も多くはないでしょう。

やはり、投資をするにしても、品位と品格を持って、世の中に意味のある投資をしたいと思う方も、きっと大勢おられると思います。

この本では、投資先企業が頑張ることで世の中も良くなり、そして自分も幸せになれる、そんな一挙両得を考える投資を紹介していきます。これを、業界では「ＥＳＧ投資」と呼んでいます。

実は、この手法は歴史的には意外と古く、そして最近はＳＤＧｓのブームと相まって急速に拡がり始めています。ところが、よくある話ですが、急拡大すると色々とほころびが出てきたりしますが、ＥＳＧも少し課題が見えてきています。

そこで、まず最近のＥＳＧの課題を整理しつつ、本来あるべき理想的なＥＳＧはどのようにすればできるのか、新しい考え方を提案します。

それが、自分の手で、自分だけのこだわりのＥＳＧを実践する「セルフＥＳＧ投資」です。これは、『会社四季報』や『会社四季報オンライン』を上手に使って、10倍にもなり得る力のある中小型成長銘柄を中心に自由にＥＳＧを設計し、社会的課題の解決を期待しながら、楽しく面白く、かつ、安定的に儲けるための投資をしていく今までにない方法です。

後半には具体的に「セルフＥＳＧ投資」をどのように実践するのか、やり方について詳細にご案内します。また、来年２０２４年から始まる新ＮＩＳＡの活用法や、『会社四季報オンライン』を使ったオートマチックな銘柄選定方法（スクリーニングのオリジナル設定方法）などにも具体的に触れていきます。

誰でもできるように、そして、なるべく初心者の方にもご理解いただけるように、平易にまとめさせていただきました。その分、すこし専門的なお話しは簡略化して書いています。もしより深く知りたい方は、この本をきっかけに深掘りしていただけたら嬉しいです。

それでは、本編へ入って参りましょう。しばし、お付き合いいただけたら幸いです。

『会社四季報』で発見 10倍稼ぐ！ ESG株　目次

第3章 セルフESGを成功させる基本的ポイント

第4章

セルフESGを成功させる野球の監督型マネジメント

第5章 『会社四季報』から組み立てるセルフＥＳＧ投資

第6章　真のESGとは何か

第1章

ESGは、ホンモノなのか？

なぜESGがブームなのか

「ESG」という言葉を目にする機会が増えています。「ESG」とは、国連が2006年に提唱した投資に関する基本原則のことで、持続可能な社会を実現するために、環境的な課題（Environment）、社会的な課題（Social）、投資先企業の経営的な課題（Governance）という3つの課題を、投資行動を通じて解決していこう、という新しい投資の概念です。

近年特に、政府の力だけでは社会全体に横たわる多くの課題は、必ずしも解決できていないのが実態ではないかと思います。政府に頼れないのであれば、自分たちの手で解決していかなければなりません。これまで、自ら社会的課題に取り組むには、ボランティアなどの「手弁当」の世界が中心でしたが、「ESG」は投資の力を通じて、もっと力強く物事を解決していこうとしているのです。

この新しい考え方は多くの人々の共感を得て、世界的なブームとなりました。特にここ数年でESG関連投資は、統計的に見ても飛躍的に伸びています（図表1-1）。しかし、

図表1-1　世界のESG投資残高（2016年、2018年、2020年比較）

（単位：Billion米ドル）

地　域	2016年	2018年	2020年
欧　州	12,040	14,075	12,017
アメリカ	8,723	11,995	17,081
カナダ	1,086	1,699	2,423
オーストラリア	516	734	906
日　本	474	2,180	2,874
合　計	22,839	30,683	35,301

出所：Global Sustainable Investment Review 2020より著者作成

2020年には、全世界で約35兆3,000億ドル(約5,000兆円)に達し、主要先進国における運用資産全体の3分の1に達した。
直近は日本の伸びが大きく約2兆8,700億ドル(約400兆円)となった。

ＥＳＧは本当に目指そうとしている概念を実現できているのか、というと、そうとも言い切れない問題が徐々に露呈し始めました。

この斬新な取り組みが真に成果を挙げられるように進化するためにも、まずは、目の前にあるその本質的な問題点について、明らかにしていきたいと思います。

個人向けESGファンド

ＥＳＧといっても、その内容は幾つかの全く異なる種類に分かれています。プロ向けのＥＳＧボンド（債券）もあれば、投資信託のＥＳＧファンドなど様々です。この中で、特にＥＳＧファンドは、一般個人向けに開発されたもので、多くの読者もこの分野をよく目にするのではないかと思います。

投資信託は、政府が盛んに推奨している資産運用商品の一つでもあります。２０２２年に岸田政権は「資産所得倍増プラン」を打ち出し、「貯蓄」から「投資」への流れをつくろうとしています。

２０２４年１月から始まる新ＮＩＳＡ制度も、その一環です。通常、株式投資や投資信託で得られた利益には、約20％の税金がかかります。この税金を非課税にするのがＮＩＳＡ（少額投資非課税制度）です。

もともと２０１４年にスタートした制度でしたが、いま一つ使い勝手が悪く、期待される拡がりが見られませんでした。しかし、２０２４年から導入される新ＮＩＳＡでは、様々な問題点が大きく改善され、特に投資枠が大幅に拡充されます。具体的には、つみたて投資の枠で年間１２０万円、株式などのリスク資産向けの枠（成長投資枠）で年間２４０万円と、合計で年３６０万円の枠が設定されており、金融機関関係者の間でも非常に評価も注目度も高い内容となっています。

まさに、政府が国策として投資へ踏み出すことを後押ししており、初心者が投資を始めるには格好のタイミングで、各証券会社は新規顧客の開拓に力を入れています。ただ、初めて投資をする人たちの中には、投資とギャンブルの区別がつきにくく、親からも「投資には気をつけろ」と教えられている人も多いことから、中々一筋縄ではいきません。

そのような背景の中で、ＥＳＧファンドは、「初心者には難しい資産運用をプロに任せることができるうえ、投資をしながら社会貢献もできる」とアピールでき、これまで投資と無縁だった人にとっても入門のハードルを下げやすい金融商品といえます。このため、証券会社も積極的にＥＳＧファンドをＰＲしようとしているのです。

金融庁の「資産運用業高度化プログレスレポート」２０２２年版によると、日本国内でＥＳＧファンドとして売り出されている商品は、２０２１年10月末時点で２２５本あり、これを37の投資信託会社が設定・運用しています。

「投資信託」という仕組みが持つ特性と問題点

一見すると、いいことづくしのＥＳＧファンドですが、その問題点は意外と知られていないように思います。これを理解するには、まず「投資信託」という仕組み全体の特性を知らなければなりません。

投資信託とは、多くの投資家から資金を集めて運用する枠組みです。仕組みとしては、投資信託ごとに多額の資金を集め、プロのファンド・マネジメント・チームが専属して株式や債券などに投資し運用・管理します。運用によって得た利益を投資額に応じて、それぞれの投資家に還元、分配していきます。

プロに任せることができるというメリットがありますが、これは同時に、何人ものスタッフが関わることを意味しており、当然そのチームに対するコストが発生します。これを賄うための手数料を信託報酬といいます。この手数料は商品によって差があり、手数料が高いか安いかは、投資信託を選択する上で重要なポイントです。運用によって利益を得られたとしても、手数料が高いほど投資家が受け取る利益は少なくなります。

では手数料がどのように決まるかというと、基本的に運用・管理にどれだけ手間がかかるかによります。シンプルな構成の投資信託は手数料が安く済み、一方で複雑な工程を必要としている投資信託は人と手間がかかる分、手数料が割高になります。

代表的な例でいえば、日経平均連動型のような「インデックス型（パッシブ型）」の投資信託は、日経平均などの指数との連動を自動的に維持すれば良いというシンプルな構造のため手数料が非常に安いものが多く、一方でファンドマネージャーの力量に頼るようなスタイルの「アクティブ型」の場合は、腕利きのチームを構成するなどコストがかかるため、手数料が高くなる傾向があります。

そのような投資信託の中でも、とりわけ手数料が高いのがＥＳＧファンドです。理由は単純で、ふつうの投資信託よりも特に調査の面で手間がかかるからです。

ＥＳＧファンドの場合、通常のファンドが調査する内容に加えて、さらにＥ、Ｓ、Ｇについても調査することになります。一般的な投資信託よりも、手間が2倍も3倍もかかるのです。当然、人件費を始めコストも増え、それが手数料に反映されることになります。「ＥＳＧを判断基準にする」という理念は素晴らしくても、そのために手数料が他の投資信託より高くなることで、結果的に運用成績に負の影響を少なからず与えているわけです。

ＥＳＧファンドは本当にＥＳＧなのか？

さらにいうとＥＳＧファンドは「社会貢献」という点からも、本当に有用かという問題があります。ここでも投資信託特有の事情が影響しています。

投資信託は、大きいものでは兆円単位のサイズになるものもあります。MSCIが2021年に発表したESGファンドの規模別TOP20によれば、最大のParnassusのファンドは約3兆円規模、2位のiSharesESGファンドも約2兆円弱と、非常に大型のものが目立ちます。これは、近年のESGブームが後押ししていることも原因でしょう。

実は、このように大型の投資信託が、仕組み上抱える問題があります。それは、資産規模が大きすぎる場合、ファンドの運用上のルールとして一定以上の流動性がある大型の銘柄以外の組み入れが困難となる、というものです。この意味するところは、大きいサイズの投資信託は、リスクコントロール上の制約から「大企業」しか組み入れができなくなる、ということです。

これは、船でいえば大型タンカーのようなもので、大規模ESGファンドは小回りが利きません。その結果、ESG的な観点から見て斬新で新しい技術やサービスを展開している「中小型銘柄」の企業群は、大型のESGファンドでは投資ができない、という妙なことが起こるのです。

もちろん、大企業でも真剣にESGの取り組みを行っている企業は山ほどあります。また、大企業の方が、たとえばＣＯ$_2$の排出量は中小企業よりもはるかに多い訳であり、その是正効果を考えればＥＳＧファンドが資金を投じる意味もある、との意見もあるでしょう。しかし、ＥＳＧファンドを選択した個人投資家の皆さんのイメージは、果たしてこれとしっかり合致しているのか、というと甚だ疑問です。

おそらく、一般的な「投資」のイメージは、将来に向けて何か新しい技術革新や社会革新を通じた「成長」を期待して行うものだと思います。その意味では、ＥＳＧファンドに対する個人投資家の期待も、ＥＳＧという課題を乗り越え、解決していく力強いパワーの源泉をイメージしているはずで、それらは基本的には「中小型の成長企業」に宿っているものだと思います。

実際、ＥＳＧ業界もこの点については自覚している節があります。たとえば、ＥＳＧの国際団体であるＧＳＩＡが発表しているＥＳＧの投資手法分類の中には「インパクト投資」というものが存在します（図表1−2）。これは、主として起業したてのベンチャー企業を中心に、社会的な革新性やインパクト性を重視して行うＥＳＧの新しいジャンルで、いわゆるベンチャー・キャピタルに近い手法です。業界としても、投資信託の仕組みだけでは革新的な投資はできないと踏んで、このジャンルを最近伸ばそうとする動きが見られ

図表1-2　ESGの主な投資手法の分類

投資手法	内容
ESGインテグレーション型投資	ESG要素を財務分析に体系的に組み込む投資手法
企業エンゲージメント&株主行動	ESG要素に基づく議決権行使、企業への関与を推進
規準準拠型スクリーニング投資	国連等発行の最低限のESG国際規範に基づく投資手法
除外型ネガティブスクリーニング投資	ESG要素に基づき特定セクター・企業等を排除する投資手法
ベストインクラス&ポジティブスクリーニング投資	ESG要素について他よりも優れた対象に投資する手法
テーマ型投資	ESGに関する各テーマに特化して投資する手法
インパクト投資	社会及び環境的にプラスのインパクトが見込まれる投資先に投資する手法

出所：Global Sustainable Investment Review 2020より著者作成

ます。ただ、現行のインパクト投資は極端にスタートアップの小さい未上場ベンチャー企業に偏り過ぎている面があり、一般の個人投資家にとってはリスクが高すぎて、依然として資金を投資できる状況にはなっていません。

結局、証券会社の営業現場においては、ESGファンドが抱えるこの重要な「偏り」の実態をやや覆い隠した形で個人投資家に説明されているのが実情であり、個人投資家の皆さんがイメージしているものと、実際の投資の内容には大きな隔たりがあるのではないかと言わざるを得ないのです。

ESGファンドと日経平均株価の構成銘柄はほぼ同じ

証券業界では、いわゆる大型で誰でも知っているような一流の優良大企業を「ブルーチップ」と呼びます。日本でいえばトヨタ自動車やソニー、日立製作所といった著名企業がこれにあたり、これらの多くは日経平均株価の構成銘柄ともほぼ一致します。ブルーチップという呼び方は、もともとアメリカの証券会社で使われていた言葉で、ポーカーの最高額のチップが青色だったからとも、あるいは牛の品評会で優良と品評された牛に青い布を付けたからともいわれます。このような優良大企業で構成している投資信託を「ブルーチップ・ファンド」と言います。

既存のESGファンドの組み入れ銘柄を見ると、そのほとんどがこのブルーチップ銘柄で構成されており、ほんとうにこれをESGファンドといって良いのか、これは単にブルーチップ・ファンドの看板をすげ替えただけではないのか、との批判があります。

ハーバード大学ビジネス・スクールのマルコム・ベーカー教授らによる最新の研究によると、ESGファンドは平均して資産の68％を従来型ファンドと「全く同じ」銘柄に投資していることが指摘されています。これは、1ドルをESGファンドに投資しても、ESG理念のない従来型ファンドでは投資できなかった銘柄に、たった30セントしか振り向けられていないことを意味しています。

日本の国内でもこの現象は確認することができます。日本企業を対象とする代表的なESGインデックスに、「MSCIジャパンESGセレクト・リーダーズ指数」と、「FTSEブロッサム・ジャパン・インデックス」があります。MSCIはアメリカ、FTSEはイギリスの金融データ提供サービス会社です。

評価のベースになるのは「ESGレーティング」と呼ばれる格付けです。環境ならたとえば脱炭素に向けてどれぐらい取り組んでいるか、社会なら人種の多様性は確保されているか、労働基準は適切か、ガバナンスなら社外取締役の数や女性管理職の比率など、様々な項目について評価し、各企業をスコア化していきます。

図表1-3および30〜31ページの図表1-4は、両指数が公表している構成銘柄を、組み入れ比率が高い順に並べたものです。これらを見るとESGインデックスの構成銘柄が、日経平均株価の構成銘柄すなわちブルーチップ銘柄とほぼ同じであることがわかります。

たとえばMSCIの場合、組み入れ比率の1位はトヨタ自動車です。社名の右にあるの

図表1-3　ＭＳＣＩジャパンＥＳＧセレクト・リーダーズ指数(上位50社、2023年5月時点)

No	コード	銘柄名	組入比率		ESGレーティング	日経225
			(各銘柄)	(累計)		
1	7203	トヨタ自動車	7.26	7.26	A	○
2	6758	ソニーグループ	4.89	12.15	AAA	○
3	8306	三菱ＵＦＪフィナンシャル・グループ	3.06	15.22	A	○
4	4568	第一三共	2.76	17.98	AA	○
5	6501	日立製作所	2.43	20.41	A	○
6	8035	東京エレクトロン	2.40	22.81	AA	○
7	9433	ＫＤＤＩ	2.26	25.06	AAA	○
8	7974	任天堂	2.20	27.26	AA	○
9	6098	リクルートホールディングス	2.17	29.43	AA	○
10	8316	三井住友フィナンシャルグループ	2.07	31.50	AA	○
11	6367	ダイキン工業	1.94	33.44	AA	○
12	8031	三井物産	1.93	35.37	A	○
13	8766	東京海上ホールディングス	1.76	37.13	AA	○
14	8001	伊藤忠商事	1.74	38.87	AAA	○
15	9983	ファーストリテイリング	1.65	40.52	AA	○
16	6981	村田製作所	1.49	42.02	A	○
17	9434	ソフトバンク	1.45	43.47	AA	○
18	6954	ファナック	1.35	44.82	AA	○
19	4661	オリエンタルランド	1.35	46.17	A	○
20	4503	アステラス製薬	1.34	47.51	AA	○
21	6702	富士通	1.26	48.77	AAA	○
22	5108	ブリヂストン	1.01	49.77	A	○
23	6301	小松製作所	1.00	50.77	AA	○
24	6752	パナソニック　ホールディングス	0.97	51.74	AA	○
25	8591	オリックス	0.91	52.64	AA	○
26	4543	テルモ	0.90	53.55	AA	○
27	4901	富士フイルムホールディングス	0.90	54.45	AA	○
28	4452	花王	0.89	55.34	AA	○
29	4523	エーザイ	0.84	56.18	AA	○
30	4519	中外製薬	0.84	57.03	A	○
31	8801	三井不動産	0.84	57.86	AA	○
32	8750	第一生命ホールディングス	0.83	58.70	AA	○
33	8002	丸紅	0.82	59.52	AA	○
34	6971	京セラ	0.77	60.29	A	○
35	8802	三菱地所	0.76	61.05	A	○
36	6326	クボタ	0.72	61.77	AA	○
37	8113	ユニ・チャーム	0.71	62.48	A	X
38	2802	味の素	0.70	63.18	AA	○
39	2502	アサヒグループホールディングス	0.68	63.86	AA	○
40	6762	ＴＤＫ	0.67	64.53	AA	○
41	1925	大和ハウス工業	0.64	65.17	AA	○
42	4507	塩野義製薬	0.63	65.81	AA	○
43	8267	イオン	0.63	66.43	AA	○
44	8630	ＳＯＭＰＯホールディングス	0.62	67.06	AAA	○
45	6857	アドバンテスト	0.62	67.68	A	○
46	8725	ＭＳ＆ＡＤインシュアランスG	0.61	68.29	AA	○
47	5401	日本製鉄	0.61	68.89	A	○
48	2503	キリンホールディングス	0.61	69.50	AA	○
49	7011	三菱重工業	0.59	70.08	AA	○
50	1605	ＩＮＰＥＸ	0.55	70.63	AAA	○

出所：MSCIウェブサイトより筆者作成

が組み入れ比率です。つまり全体の7・26％がトヨタ自動車の株で構成されていることを意味します。

一つ置いて右にある「A」は、ESGレーティングをもとにした格付けです。表を見ると「AA」や「AAA」などもあり、評価が高い会社ほどAの数が多くなります。

また組み入れ比率とESGレーティングの間にある「組入比率（累計）」は、組み入れ比率を順に足していったものです。2位のソニーグループの組み入れ比率は「4・89」なので、トヨタ自動車と合わせて「12・15」になり、両社を合わせた組み入れ比率が12・15％であることを意味します。

MSCIのESGインデックスは、全部で250銘柄を組み入れています。このうち50位のINPEXまでを合計した組み入れ比率は、70・63％になります。つまり全体の5分の1にすぎない50社だけで、全体の約7割を占めています。

さらに51位以下の組み入れ比率を見ていくと、51位の積水ハウスは0・53％で、250位の住友理工ともなると、わずか0・01％にすぎません。資金を250銘柄に振り分けているといっても、上位50社とそれ以下では振り分けられる資金が全く違うことがわかります。

また表には各銘柄が、日経平均株価の構成銘柄（日経225）に含まれているかどうかも示しました。なお、日経225という名のとおり、日経平均株価を構成するのは225銘柄あります。

MSCIのESGインデックス上位50銘柄は、37位のユニ・チャームを除いてすべて日経平均株価の構成銘柄と一致します。また、インデックス全体のうち85・7％が日経平均株価の構成銘柄に一致しています。これは、先述のハーバード大学の調査が示している平均値よりも遥かに高い比率です。

結局のところ、日経平均の構成銘柄に含まれない銘柄は、187位のビジョナル、227位の千代田化工建設、244位のマックスバリュ東海の3社と、不動産投資信託（リート）しかありません。つまりMSCIのESGインデックスに投資するのは、日経平均株価に連動する投資信託を買うのと、それほど大きく変わりないのです。

ESGと謳わずとも志の高いファンドもある

同じことは、FTSEのESGインデックスにもいえます。FTSEの場合、532銘

・インデックス（上位100社、2023年5月時点）

No	コード	銘柄名	組入比率（各銘柄）	組入比率（累計）	ESGレーティング	日経225
51	4901	富士フイルムホールディングス	0.52	55.33	3.7	○
52	4911	資生堂	0.52	55.85	4.2	○
53	6503	三菱電機	0.52	56.37	3.4	○
54	4523	エーザイ	0.51	56.88	3.7	○
55	8002	丸紅	0.51	57.39	4.2	○
56	9021	西日本旅客鉄道	0.5	57.89	2.9	○
57	7832	バンダイナムコホールディングス	0.48	58.37	2.2	○
58	2802	味の素	0.47	58.84	3.8	○
59	4519	中外製薬	0.47	59.31	3.8	○
60	5401	日本製鉄	0.46	59.77	3.1	○
61	1878	大東建託	0.45	60.22	2.1	X
62	2502	アサヒグループホールディングス	0.45	60.67	4.5	○
63	1925	大和ハウス工業	0.43	61.1	4.3	○
64	6971	京セラ	0.43	61.53	3.3	○
65	9104	商船三井	0.42	61.95	3.6	○
66	7269	スズキ	0.41	62.36	2.8	○
67	7011	三菱重工業	0.4	62.76	3.5	○
68	4307	野村総合研究所	0.39	63.15	3.7	X
69	4578	大塚ホールディングス	0.39	63.54	3.2	○
70	4507	塩野義製薬	0.38	63.92	3.6	○
71	6502	東芝	0.37	64.29	3.7	X
72	6857	アドバンテスト	0.36	64.65	3.5	○
73	9613	エヌ・ティ・ティ・データ	0.36	65.01	3.3	○
74	6762	ＴＤＫ	0.35	65.36	3.7	○
75	6869	シスメックス	0.35	65.71	3.4	X
76	2503	キリンホールディングス	0.34	66.05	3.7	○
77	8725	MS&ADインシュアランスグループホールディングス	0.34	66.39	4.2	○
78	7202	いすゞ自動車	0.33	66.72	2.5	○
79	8630	ＳＯＭＰＯホールディングス	0.33	67.05	3.2	○
80	9042	阪急阪神ホールディングス	0.33	67.38	2.9	X
81	9735	セコム	0.33	67.71	3.8	○
82	6723	ルネサスエレクトロニクス	0.32	68.03	3.9	○
83	9143	ＳＧホールディングス	0.32	68.35	3.8	X
84	8309	三井住友トラスト・ホールディングス	0.31	68.66	3.7	○
85	8604	野村ホールディングス	0.31	68.97	4	○
86	9005	東急	0.31	69.28	2.1	○
87	2801	キッコーマン	0.3	69.58	3.1	○
88	4324	電通グループ	0.29	69.87	3.3	○
89	4528	小野薬品工業	0.29	70.16	4.3	X
90	6506	安川電機	0.29	70.45	3.2	○
91	1928	積水ハウス	0.28	70.73	3.7	○
92	5713	住友金属鉱山	0.28	71.01	2.7	○
93	7272	ヤマハ発動機	0.28	71.29	3.6	○
94	8308	りそなホールディングス	0.28	71.57	3.5	○
95	9064	ヤマトホールディングス	0.28	71.85	4	○
96	9843	ニトリホールディングス	0.28	72.13	2.4	X
97	1605	ＩＮＰＥＸ	0.27	72.4	4	○
98	3407	旭化成	0.27	72.67	4	○
99	6988	日東電工	0.27	72.94	3.2	○
100	7270	ＳＵＢＡＲＵ	0.27	73.21	3.3	○

図表1-4　ＦＴＳＥブロッサム・ジャパン

No	コード	銘柄名	組入比率（各銘柄）	組入比率（累計）	ESGレーティング	日経225
1	7203	トヨタ自動車	4.56	4.56	4.3	○
2	6758	ソニーグループ	3.72	8.28	4.2	○
3	6861	キーエンス	2.17	10.45	2.5	○
4	8306	三菱ＵＦＪフィナンシャル・グループ	1.84	12.29	3.9	○
5	4568	第一三共	1.70	13.99	4.2	○
6	4063	信越化学工業	1.46	15.45	3.4	○
7	6367	ダイキン工業	1.35	16.80	3.5	○
8	8035	東京エレクトロン	1.33	18.13	3.7	○
9	8031	三井物産	1.28	19.41	4.3	○
10	4502	武田薬品工業	1.27	20.68	4.2	○
11	6501	日立製作所	1.25	21.93	3.6	○
12	6098	リクルートホールディングス	1.24	23.17	3.8	○
13	8316	三井住友フィナンシャルグループ	1.24	24.41	3.9	○
14	9433	ＫＤＤＩ	1.24	25.65	4.3	○
15	8801	三井不動産	1.18	26.83	3.3	○
16	4661	オリエンタルランド	1.17	28.00	3.8	○
17	8001	伊藤忠商事	1.13	29.13	4.7	○
18	9984	ソフトバンクグループ	1.11	30.24	3.4	○
19	7267	本田技研工業	1.07	31.31	3.9	○
20	3382	セブン＆アイ・ホールディングス	1.04	32.35	4.3	○
21	7741	ＨＯＹＡ	1.03	33.38	2.2	○
22	8058	三菱商事	1.03	34.41	4	○
23	6954	ファナック	1.02	35.43	3.6	○
24	8802	三菱地所	1.01	36.44	4.2	○
25	8766	東京海上ホールディングス	1.00	37.44	3.6	○
26	9983	ファーストリテイリング	0.99	38.43	4.2	○
27	6702	富士通	0.95	39.38	4.2	○
28	8411	みずほフィナンシャルグループ	0.87	40.25	3.7	○
29	6981	村田製作所	0.83	41.08	4	○
30	9432	日本電信電話	0.83	41.91	3.7	○
31	4503	アステラス製薬	0.79	42.70	4.3	○
32	9434	ソフトバンク	0.78	43.48	4.5	○
33	8750	第一生命ホールディングス	0.77	44.25	3.4	○
34	6301	小松製作所	0.72	44.97	3.7	○
35	6752	パナソニック　ホールディングス	0.72	45.69	3.7	○
36	4452	花王	0.71	46.40	3.9	○
37	6594	ニデック	0.71	47.11	3.6	○
38	7733	オリンパス	0.71	47.82	3.7	○
39	8830	住友不動産	0.67	48.49	4.2	○
40	2914	日本たばこ産業	0.62	49.11	3.6	○
41	6902	デンソー	0.61	49.72	2.8	○
42	7751	キヤノン	0.61	50.33	4.4	○
43	8113	ユニ・チャーム	0.59	50.92	4	X
44	8267	イオン	0.58	51.50	3.2	○
45	9101	日本郵船	0.57	52.07	3.6	○
46	4543	テルモ	0.56	52.63	3.1	○
47	8591	オリックス	0.56	53.19	3.4	○
48	6326	クボタ	0.55	53.74	3.1	○
49	5108	ブリヂストン	0.54	54.28	4.3	○
50	8053	住友商事	0.53	54.81	3.8	○

出所：MSCIウェブサイトより筆者作成

柄が組み込まれており、1位のトヨタ自動車から100位のSUBARUまでを合わせた組み入れ比率は、全体の73・21%を占めます。

こちらも全体の5分の1にも満たない上位100社だけで、全体の7割以上を占めるわけです。一方で532位つまり最下位のテレビ東京ホールディングスの組み入れ比率は0・01%と極めて僅少です。

また日経225と比べると、100位以内ではユニ・チャームの他、61位の大東信託、68位の野村総合研究所、71位の東芝など9社が、日経平均株価の構成銘柄ではないものでMSCIよりは多くなっています。しかし、インデックス全体における日経平均株価の構成銘柄と一致している比率は82・6%であり、こちらも非常に高い数値となっており、ほぼ日経225との差が無いといって良いでしょう。

また33ページの図表1-5は、MSCIジャパンESGセレクト・リーダーズ指標と、FTSEブロッサム・ジャパン・インデックスの上位20銘柄を並べたものです。1位のトヨタ自動車、2位のソニーを始め、上位銘柄がほぼ同じであることがここからもわかります。

つまり、これらの代表的なESGファンドを買っても、日経平均株価に連動するインデ

図表1-5 （2023年5月時点）

MSCIジャパンESGセレクト・リーダーズ指数（上位20社）

No	コード	銘柄名
1	7203	トヨタ自動車
2	6758	ソニーグループ
3	8306	三菱ＵＦＪフィナンシャル・グループ
4	4568	第一三共
5	6501	日立製作所
6	8035	東京エレクトロン
7	9433	ＫＤＤＩ
8	7974	任天堂
9	6098	リクルートホールディングス
10	8316	三井住友フィナンシャルグループ
11	6367	ダイキン工業
12	8031	三井物産
13	8766	東京海上ホールディングス
14	8001	伊藤忠商事
15	9983	ファーストリテイリング
16	6981	村田製作所
17	9434	ソフトバンク
18	6954	ファナック
19	4661	オリエンタルランド
20	4503	アステラス製薬

FTSE Blossom Japan Index（上位20社）

No	コード	銘柄名
1	7203	トヨタ自動車
2	6758	ソニーグループ
3	6861	キーエンス
4	8306	三菱ＵＦＪフィナンシャル・グループ
5	4568	第一三共
6	4063	信越化学工業
7	6367	ダイキン工業
8	8035	東京エレクトロン
9	8031	三井物産
10	4502	武田薬品工業
11	6501	日立製作所
12	6098	リクルートホールディングス
13	8316	三井住友フィナンシャルグループ
14	9433	ＫＤＤＩ
15	8801	三井不動産
16	4661	オリエンタルランド
17	8001	伊藤忠商事
18	9984	ソフトバンクグループ
19	7267	本田技研工業
20	3382	セブン＆アイ・ホールディングス

出所：MSCI、FTSEウェブサイトより筆者作成

ックス・ファンドを買っても、投資対象の8割強は同じ銘柄への投資になってしまうのです。どのみち内容が一緒なら、もしＥＳＧに投資したいのであれば、名前がＥＳＧでなくても比較的手数料の安い、日経平均株価連動型の投資信託を買ったほうがコスパが良いうえに目的にも合致しており、賢い選択と言えそうです。

もちろん、ＥＳＧファンドの中には、ＭＳＣＩやＦＴＳＥのインデックスとは一線を画し、独自の調査と判断で組み入れ銘柄に特徴を持たせているファンドもあります。たとえば、ニッセイ日本株ＥＳＧフォーカスファンドの組み入れ上位10銘柄を見ると、10社中6社は日経平均株価の構成銘

柄とは重複していません。このファンドの運用会社であるニッセイ・アセットマネジメントは、ESGに関する取り組みが一歩抜きん出ている感もあり、早い段階から独自のESGレーティングの仕組みを構築・運用して国連のPRI年次評価で12項目中9項目で最高評価を獲得、環境省の「ESGファイナンス・アワード・ジャパン」を連続受賞するなど、関係各所からも高く評価されています。

あるいは、自らESGを看板として掲げていないにもかかわらず、その内容やコンセプトがまさにESGともいうべき、非常に社会的な意識の高いファンドもあります。たとえば渋澤栄一の5代目子孫、渋澤健氏らが創業したコモンズ投信の「コモンズ30ファンド」は、株主だけでなく地域社会や従業員、取引先等のステークホルダー全員が力を合わせればおのずと企業価値を上げていくことができる、と渋澤栄一が唱えた「合本主義」を軸に、30年の超長期目線で30社に集中投資するというESGを地で行くファンドです。まさに『論語と算盤』を著した、渋澤栄一の哲学が投資に活かされています。

また、鎌倉投信の「結い2101」も、かなり特殊なファンドと言えます。「これからの日本にほんとうに必要とされる、いい会社に投資する」というコンセプトを掲げ、こちらもあえてESGとは謳っていないものの、非常に志の高いファンドです。実際の組み入れ銘柄を見ても、思い切って中小型の成長銘柄に積極的に投資しており、またその組み入れ理由も単に収益的成長だけではなく、「優れた企業文化を持ち、人材を活かす企業」、「循環型社会を創る企業」、「日本の匠な技術、感動的なサービスを提供する企業」という3つの視点から「いい会社」を見つけていくというスタンスを貫いています。その意味では、他のファンドにはあまり見られない極めて稀有な考え方を持ったファンドの一つと言って良いでしょう。

ただ、このような投資信託は本当に稀で、大半はブルーチップ銘柄を中心に構成されているのが、ＥＳＧファンドの現実なのです。

第2章

セルフＥＳＧ投資の勧め

グリーン・ウォッシュ規制

現在ＥＳＧファンドとして売られている投資信託はわずかな例外を除いて、一流大企業に投資するブルーチップ・ファンドとその投資内容は、結果的にはあまり変わらないことを、第１章で述べてきました。私はこれを、ＥＳＧファンドにおける「ブルーチップの罠」と呼んでいます。

この問題は、私が携わった日本初のＥＳＧファンドである日興エコファンドの頃から指摘されていたことです。１９９９年当時、私たちのファンドも「エコ」ではなく「エセ」ではないか、などと揶揄する言葉にさらされました。当事者としては、一生懸命に手間をかけて真剣にＥＳＧの分析を行って銘柄選別をしていても、出来上がったファンドの内容が結果としてブルーチップ・ファンドとほぼ同じ、ということが現実として起こっていたのです。

結果が同じであれば、プロセスを端折ってもバレない、と考える輩が出て来るのは時間の問題でした。投資信託の一般投資家に対する情報開示の範囲は極めて限定的で、実際、投資家側はどのような分析過程を経て投資対象が選択されているかを知る術はありません。こうして、ブームと共に急拡大したＥＳＧファンドは、玉石混交の状況に陥りました。いよいよ本当の偽物（エセ）ファンドが登場し始めたのです。

世界で最もＥＳＧの動向に敏感なＥＵが最初にこの状況の改善に動き始めました。そして日本でも、金融庁が２０２３年３月末施行の「金融商品取引業者等向けの総合的な監督指針」の改正によって、新しい規制を導入しました。

この新ルールは、実態はそうではないのにＥＳＧのフリをしているファンドを「グリーン・ウォッシュ・ファンド」として取り締まるものです。グリーン・ウォッシュというのは、直訳すると「緑で洗浄している」というような意味で、あたかも自分がエコ（グリーン）であるかのように染めてごまかしている、といったイメージです。

ようやく当局も、問題を認識して法的な規制を始めてくれたので、一歩前進かと思います。ただ、ここで注意が必要なのは、あくまでこの規制はＥＳＧ評価のプロセスをきちんと行っているかどうかを判別するものです。したがって、大真面目にＥＳＧ評価のプロセスを行って銘柄選別をしたにもかかわらず、最終的な出来上がりのポートフォリオの内容が結局ブルーチップ銘柄に偏っていたとしても、それはこの規制上は「問題なし」とされることになります。

その意味では、やはりこの新規制だけでは、私が指摘するブルーチップ銘柄に偏る問題、いわゆる「ブルーチップの罠」が根本的に解決するわけではありません。投資家としては自分の眼で、そのファンドの投資内容が自分の投資概念と本当に合致しているのかどうかを、しっかり見極めることが必要不可欠なのです。

企業側によるグリーン・ウォッシュ問題

緑のフリをする「グリーン・ウォッシュ」の問題は、ファンド側だけの問題ではありません。実は、投資先企業のほうでも、この「フリ」をすることが目に付くようになってきました。実態は環境に悪影響を与える商品やサービスを提供しているのに、表向きは環境に配慮しているような態度をとる。たとえば環境への負荷が大きい商品なのに緑をイメージさせるパッケージデザインにしたり、自然環境を大事にしているコマーシャルを流すといった具合です。

大企業が行うグリーン・ウォッシュのわかりやすい例として、ホールディングカンパニーの事例があります。ホールディングカンパニーは企業グループ全体を統括する持ち株会社で、親会社としてグループを代表して上場しています。このような会社は下部組織に様々な子会社を抱えています。グループ子会社全体では何千、何万という社員を抱えているので、企業活動をする中で大量のCO_2を排出するなど、環境面での影響も大きくなります。

しかし、ホールディングカンパニー自体は、語弊を恐れずに言えばペーパーカンパニーのようなもので、オフィスも小さくスタッフも限定的なケースが多く、このホールディングカンパニー単体では当然CO_2をほとんど排出しません。そこで、上場している名義が親会社たるホールディングカンパニーであることを理由に、ホールディングカンパニーだけの数値を使って「当社のCO_2排出量は、ほとんど無い」と公言しているケースが見られるようになりました。

ならばホールディングカンパニー単体ではなくグループ会社も含めた全体の排出量で捉えれば問題ないかというと、ここにも問題があります。

業態によっては、下請けや孫請け会社を持つ会社もあります。たとえば建設会社や自動車会社は、自社やグループ会社だけでビルを建てたり自動車をつくっているわけではありません。そこには多数の下請けや孫請け会社が存在します。下請けや孫請け会社の排出するCO_2も含めれば、大変な量を排出していることになりますが、それらは別会社でありどこまで誰が責任を持つべきかがはっきりしてこなかったのが実態です。結局のところサプライチェーンすべてを含めないと、本当に脱炭素に向けた取り組みをしているとはいえないのです。

この問題については、国際的な開示基準を検討しているＩＳＳＢでも重要課題として取り上げられ、スコープという範囲を規定する概念で開示基準を設ける動きが進んでいます。

スコープというのは現時点では3段階に分けられ、スコープ1は「企業が直接使ったもの」、スコープ2は「企業が間接的に使ったもの」、スコープ3は「取引先など社外で、自社の事業に関係して使われたもの」、と分類しており、足元ではこのスコープ3まで含めたサプライチェーン全体での開示を義務化する方向で議論が進んでいます。

この最も範囲の広いスコープ3まで含めた管理体制については、日本の各企業は世界的に見ても取り組みに積極的で、また先進的な成果も出始めています。ただし、サプライチェーン全体を管理するには、とてつもなく莫大な予算が必要で、あくまで大手の大企業しかこの開示の責任に耐えることはできないと考えられます。

結局、そうなると所定の開示基準を満たすことができる企業は大企業すなわちブルーチップ銘柄のみ、という現象を誘引し、まじめにやればやるほど「ブルーチップの罠」からは抜け出せないことになってしまうのです。

反ESG法

発展と不正がせめぎ合う、いたちごっこのような様相を呈し始めたESG業界に対して、そもそもESGそのものに構造的な問題があるのではないか、という根源的な批判と規制がアメリカで出始めました。これが、米・共和党が主張する「反ESG」です。

彼らの指摘は、私が第1章で述べたようにESGファンドはコスト面で運用収益を犠牲にしているのではないか、という論点に加え、そもそもESGレーティング（評価）と銘柄選別の基準には、政治的・思想的な偏りがあるのではないか、というものです。

特に米国においては、民主党のジョー・バイデン政権のもと、退職年金基金の運用先を決めるにあたり、ESGの要素を考慮するよう各州の州政府に求めてきました。これに対して、強烈に異を唱えたのがフロリダ州知事のロン・デサンティスです。

ふつうに運用すればもっとリターンが得られるのに、ＥＳＧ要素を加えれば、それだけ手数料がかかり、リターンが減ってしまうのではないか。単に民主党が進めたいＥＳＧという政治的概念を実現するために、フロリダ州民の財産を犠牲にするのはおかしいという意見です。

オバマ元・大統領のグリーン・ニューディール政策時代から民主党が勧めてきたＥＳＧは、特に脱炭素を積極的に行っている産業に投資するというものです。民主党の言い分は、脱炭素に積極的な企業に投資すれば気候変動に対するリスクを下げられるので、金銭的リターン以上に社会全体がメリットと価値を得られるというものです。

ただ、この理屈もまだ異論の余地があるものです。6章で詳しく述べますが、脱炭素に取り組むことで気候変動問題が解決できるという相関性は、科学的に極めて高い可能性は認められるものの、依然として１００％確実なものとは言い切れません。あくまでも気候変動の主たる原因がCO_2であるということは疑う余地がないレベルで「極めて高い可能性」があるが、逆にそのCO_2を減らせたとしても「気候変動がすぐに簡単には止められない恐れ」もゼロではないということです。だからといって、CO_2を垂れ流して良い、という話にはなりませんが、決定的に正しいとわかっておらず意見が割れる場合、少なくとも公的な資金においては片方の意見に偏って一方的に政策を押し付けてはいけないのではないか。なぜなら、州民の中には、民主党が正しいと思う人と同じくらい、共和党が正しいと思う人がいるのが常であり、どちらか片方のイデオロギーを権力で強制するのは民主主義の平等の原則に反する、というのがデサンティスの主張なのです。

結局フロリダ州ではデサンティスの考えが支持され、２０２３年5月に「反ＥＳＧ法」は州議会を通過しました。フロリダ州以外でもデサンティスと同じ共和党系の州では、続々と反ＥＳＧの流れが強まっており、２０２４年の大統領選挙でも重要な争点に浮上する見通しです。

なお、ここで注意しておくべきなのは、デサンティスは社会性のある投資そのものを否定しているわけではない、という点です。彼は、「州政府の公的資金の運用については（偏りのある民主党的な）ＥＳＧを強制してはならない」ということを反ＥＳＧ法で謳っているわけですが、「個人の投資行動」については、原則自由であることを暗に表明しています。つまり、公的な資金は州民全員のお金であるわけなので、民主党的・共和党的・あるいはそれ以外の思想のいずれに偏った考えも採用してはならないと決めたわけですが、各個人が自分自身のお金について運用する上においては、自由に自らの思想に則って自己責任で資金を投資することに何らの制約もない、ということです。この辺りが、自由の国アメリカらしいところで、したがって反ＥＳＧ法が成立しても、個人が投資するＥＳＧファンドは、引き続きフロリダでも自由に販売も投資もできるようになっています。

政治的に行き過ぎてしまったＥＳＧファンドのアクション

デサンティスを始めとする米・共和党が、ＥＳＧの政治的・思想的な偏りを指摘して攻撃しているのは、これまでのＥＳＧファンドがたどってきた経緯を振り返ると、あながちおかしなことではないことがわかります。

「ＥＳＧを考慮した投資」という考え方は、古くは１９２０年代からあったと言われており、当時はキリスト教会の宗教的教義を投資に反映させたいというニーズから始まりました。その後、１９８０年代に入ると個人向け投資信託でもＥＳＧ要素を含んだものが開発され始め、日本では私も関与した日本初のＥＳＧファンドである日興エコファンドが１９９９年に発売されます。ただし、当時はまだマイナーかつニッチな世界で、ごく限られた人たちの関心の中にあり、大きな社会的インパクトを与えるほどの勢力にはなっていませんでした。

ちょうどこの頃、つまり１９９０年代後半から２０００年代中盤にかけて、国際政治の世界では焦りが広がっていました。というのも、気候変動問題を主軸とした国際協議が、先進国と発展途上国の間で対立して意見が全く噛み合わず、紛糾に次ぐ紛糾で遅々として政策決定が前に進まなくなっていたのです。何かこれを打破するための新しい力が必要とされていました。そこで国連が目をつけたのが、世界に横たわる機関投資家の巨額な資金でした。カネの力を利用して経済面から政治に圧力をかけることで、突破口が開けるのではないかと考えたのです。機関投資家の目を気候変動問題に向かせるにはどうしたらいいのか。当時の国連事務総長のコフィー・アナンが旗を振り、世界中の機関投資家を巻き込んで、国連が２００６年に「責任投資原則（ＰＲＩ）」を発表します。ここで、世界中の機関投資家はＥＳＧ投資を推進しなければならない、と宣言したのです。

この２００６年というのは非常に重要な年でした。私が野村證券を辞めてサステイナブル・インベスター（ＥＳＧのプライベート・バンク）を起業したのもこの年の３月です。なぜ、私が野村證券を急転直下飛び出したのかというと、この翌年の２００７年には国連研究機関ＩＰＣＣが世界をくつがえす重要なレポートを発表することが、既にこの２００６年の時点でわかっていたからです。ＥＳＧの世界で勝負を賭けるためには、この重要な発表の前にスタートしなければ遅れを取ると私は判断しました。まさに、２００６年は革命前夜だったのです。

ＩＰＣＣというのは、国連が設置した気候変動を研究する世界的な研究ネットワークです。ここに、世界中の気候学者が集められ、先進的な研究を行っていました。ただ、気候変動とCO_2の関係性については、当時、まだ推論の域を超えておらず、具体的な事例が乏しい中でやや信ぴょう性の点で弱い部分がありました。ところが、アメリカで巨大なハリケーン「カトリーナ」が２００５年の夏に襲来し、アメリカ南部に未曾有の被害をもたらしました。この災害史上最大のハリケーンに関して、かなり多くの具体的な気象データの収集が叶ったことで、ＩＰＣＣの説得力が飛躍的に上がったのです。

これらの研究成果を踏まえ、満を持して２００７年に「ＩＰＣＣ第４次報告書」が発行されました。これにより、急速に地球温暖化問題が世界の注目を集めます。そして、元・米国副大統領アル・ゴアが「不都合な真実」というアカデミー賞受賞映画を発表、ＩＰＣＣと共にノーベル平和賞を受賞するに至りました。「気候変動」という言葉が広く一般に知れ渡るほどの大転換が、２００７年に起こったのです。

私がこの動きを1年早く掌握できたのは、第４次報告書の原稿をＩＰＣＣが準備していた２００６年に既に日本でも環境省始め政府関係者がその内容を把握しており、その関係者から「来年大変なことになる」と聞き及んでいたからでした。私が知っていたぐらいですから、当然、国連事務総長のコフィー・アナンも、この大きな節目を迎えることを予め認識していたはずです。そこで、彼はこの流れが既に見えていた前年の２００６年に機関投資家にＥＳＧ投資という概念を強力に植え込み、国連主導でマネーの大きな流れをつくることを画策したのではないか、と私は見ています。

さらに２０１５年には国連でＳＤＧｓ（持続可能な開発のための17の国際目標）とパリ協定（気候変動抑制に関する多国間の国際協定）が採択されます。いずれもＥＳＧとの親和性が高く、これらの枠組みに沿った企業に資金を投資するよう、国連はさらに機関投資家に対してプレッシャーを強めていきます。と同時に、マネーの力を最大限に使って半強制的に事業会社を脱炭素へと誘導する手法として、「ダイベストメント」が推奨されるようになりました。これは、投資を意味するインベストメントの逆で、「投資から排除する」という意味です。

特に標的とされたのが石炭産業や石油産業です。とりわけCO_2排出量が多いとされる石炭や石油等の化石燃料に関連する産業を投資対象から外すことで、それらの事業会社が化石燃料に関わる事業を見直すことを差し迫ったのです。ＥＳＧ投資の世界的な資産規模が急速に大きくなる中で、この投資対象から外されるというリスクは、産業界を震撼させることになりました。

ただ、このダイベストメントという手法は、投資家としての立場を過度に乱用し、いわば暴力的に脅しながら企業経営に影響を与えているという意味では、かつて日本で見られた反社会勢力による「総会屋」と紙一重なところもあり、理屈はどうであれ行き過ぎたやり方のように思います。

特に、脱炭素については、米国では民主党が推進派である半面、共和党は反対派であるなど、依然として議論が二分しており対立がつづく難しい分野です。ＥＳＧの本来あるべき発想は、様々な考え方を容認する「多様性（ダイバーシティ）」を重視しており、ある一方の考え方を押し付けること自体、ＥＳＧの基本に反する面すらあります。

その観点から見れば、脱炭素政策が国際政治においてまとまらない中、国連の焦りから機関投資家を動かすに至り、その巨額なマネーの力をいよいよ横暴に一方的に使うようになっていった従来の国連主導型のＥＳＧ投資の枠組みは、限界が来ているといっても過言ではないでしょう。

ＥＳＧ業界も新たな手法を模索し始めている

世界的なブームに乗りＥＳＧが急拡大する裏側で、グリーン・ウォッシュ、ブルーチップの罠、そして行き過ぎたダイベストメントなど様々な問題が浮上し、同時に規制強化の逆風が吹くＥＳＧ業界ですが、その中でも突破口を開こうとする動きも出てきています。

特に、私は「ブルーチップの罠」、すなわちＥＳＧファンドの構成銘柄が一流大型企業に偏る現象が最も問題ではないかと考えていますが、これを解消するためにいくつかの新しい動きが出てきました。

一つは、第1章でも触れたＥＳＧ型のベンチャー投資である「インパクト投資」を発展させ、その投資対象範囲を上場企業まで拡大する試みです。

インパクト投資は、本来は「社会起業家」といわれるボランティア的な活動を収益的ビジネスに発展させているような特殊なベンチャー事業が主たる投資対象で、発展途上国で活躍する社会的事業（ソーシャルビジネス）への投資が中心でした。ただ、ＥＳＧ課題の多様性に鑑みれば、そのようなベンチャー企業に限らず、上場企業であっても社会的インパクトが大きい事業は多くあるはずです。

国際的なインパクト投資の業界団体ＧＩＩＮは、２０２３年3月に「上場企業に関するインパクト投資のガイドライン」を発表しました。上場企業を対象としたＥＳＧファンドの投資判断にインパクト投資が入ることで、よりイノベーティブな事業を行っている中小型成長銘柄へも投資対象が拡大される可能性があり、ブルーチップへの偏りが解決されることも十分期待できます。

日本国内においても、インパクト投資の啓蒙を推進してきたＧＳＧ国内諮問委員会の委員長に、コモンズ投信の渋澤健氏が就任し、活動を強化することを発表しています。しかし、まだこれらは緒についたばかりであり、具体的に理想どおりに投資を実行できるかは、まだこれからの段階です。

もう一つの流れは、クラウド・ファンディングです。そもそも、クラウド・ファンディングは、新しいチャレンジに対して寄付を多く募り、応援する仕組みです。この考え方を、寄付だけでなく投資に拡大していく動きが数年前から広がっています。２０１５年には投資型クラウド・ファンディングに関する法改正が行われました。ただ、クラウド・ファンディングは、どちらかというと寄付型や購入型といわれる手軽に少額で参加できる方式が広く受け入れられており、投資型はあまり拡大している様子はありません。また、寄付総額も数百万円から多くて数千万円規模が主流で、小規模のスタートアップ事業に適しています。裾野が広がるという意味で期待される一方、まだまだ規模感ではマイナーの印象で、大きく育つには相当な年月が必要だと思われます。

3つ目の流れは、新しいＥＳＧジャンルの創設の動きです。ＥＳＧの新業態ともいわれるインプルーバー投資という投資手法です。インプルーバーというのは「発展途上の企業」という意味で、ＥＳＧの取り組みで現時点では見劣りするが、改善に取り組み中で将来的にＥＳＧの面で成果を出してトップクラスに成長しうる銘柄のことを指します。

インプルーバーに当たる銘柄も、どちらかというと中小型成長銘柄が多いと推測されます。その観点から、こちらもブルーチップへの偏りを解消する可能性を秘めています。ただ、実態としては現時点ではＥＳＧレーティングが「低い」銘柄に投資することから、グリーン・ウォッシュ規制の観点から「不適格ファンド」の烙印を押される可能性があるのではないか、という議論が出ており、こちらもまだ一筋縄ではいかない雲行きになっています。

自分で投資先を見つける「セルフESG投資」とは

いよいよESGも八方塞がりか、と考えるほか無さそうですが、私は全くそう思っていません。

私は、日興エコファンドを通じてESGの黎明期に関わった後、野村證券を経て、2006年にサステイナブル・インベスターを起業し、富裕層向けのESGプライベート・バンキングを開始しました。その後、日本初の公募型・森林ファンドを組成した他、伊勢神宮の循環モデルを描いた映画「うみやまあひだ」を発表、京都大学では自然資本経営論講座を開設、また、シングル家庭の貧困問題に取り組む奨学財団を立ち上げ、そして複眼経済塾で多くの個人投資家と相まみえてきました。

25年間の実務を通じて、数々の失敗と経験を積み上げてきた現場の感覚からいえば、そもそもESGは投資信託のスキームで行ってはいけない、と思います。ファンドや間接金融という形態は、ESGにはあまりフィットしていないのです。裏返して言えば、そうではない純粋な直接金融の方法なら、ＥＳＧはもっと進化できるのです。
では、どうすればいいのか。私の答えは、たった一つ。それは、個人個人による「セルフＥＳＧ投資」に尽きます。これは、投資信託に頼らず、個人投資家が自ら自分の考えに合致した銘柄を自由にピックアップして、自分だけのＥＳＧ投資を創る、という考え方です。

このセルフＥＳＧ投資の話題に踏み込む前に、そもそもＥＳＧの本質とは何なのかを、私が複眼経済塾で使っている「５ｗｈｙｓ」という分析手法で掘り下げたいと思います。「５ｗｈｙｓ」というのは、もともとトヨタ自動車が伝統的に社内で使ってきた本質を分析する手法で、「なぜ（ｗｈｙ）」を5回繰り返して物事の本質に迫っていきます。複眼経済塾では、これをカスタマイズして、「ｗｈｙ」に加え「ｗｈａｔ」や「ｈｏｗ」を織り交ぜて実施します。

［課題］社会には、**様々な未解決の問題がある。**

問一、それらはなぜ未解決なのか。

⬇ それは**政府が十分に機能せず、**多くの**問題が放置されている**からである。

問二、では、なぜ政府が十分に機能しないのか。

➡ それは、民衆には**様々な価値観があり、**それが**一つにまとまらない**からである。

問三、では、なぜ一つにまとまらないのか。

➡ それは、民主主義の仕組みでは**多数決で物事が決まり、主流派の考え方で物事が進む**一方、それ以外は排除又は後回しにされるからである。

問四、では、排除された考え方は、どのようにすれば放置されずに済むのか。

➡ その排除された考え方を持っている人たちで、**各々が政府に頼らず自主的に解決する他**ない。

問五、自主的に解決するための、人的リソース、あるいは資金源はどうすればいいのか。

➡ **従来は寄付やボランティアが中心**だったが、**投資の概念を導入**することで、より大きな資金やリソースを確保し得る。

あえてシンプルに一問一答にまとめていますから、異論もあるかもしれません。解決の方法も、もう少し他の方法もあるでしょう。ただ、私の経験から言えば、現行の社会システムの制度下において多様な価値観に基づく諸問題をパワフルに解決するには、「投資」の力を利用するのが最も合理的で、かつ効果的だと考えています。

この最後にある、「投資の概念を導入する」ために考案されたものが、投資信託を使ったＥＳＧファンドでした。確かに一般の人々が投資を簡単に行うためには、投資信託は非常にわかりやすく便利なスキームです。しかし、先述のとおり、このスキームでは様々な問題が生じたわけです。

では、投資信託に頼らないと、人々はこの未解決課題の領域に投資できないのか、というとそんなことはありません。そもそも、歴史的な順序でいえば、投資信託という仕組みが生まれたのはだいぶ近代になってからです。企業への投資は、元々は株式に直接出資することであり、直接企業の株式を買うことが投資の原点といって良いと思います。

この「直接投資する」というのが、ＥＳＧ投資において非常に重要なキーワードになります。先ほどの一問一答にもあるとおり、ＥＳＧ投資では、投資先企業の活躍や成長によって、未解決の社会課題が解決されることを期待して投資するわけですが、このとき、自分自身が関心を持っている「社会課題」というのは、十人十色であり、それぞれ全く価値観は異なるはずです。

ある人は、脱炭素問題が最重要と考えるかもしれません。しかし、ある人はそれよりも、森林が破壊され生態系が壊れていくことのほうが問題だ、と考えているかもしれません。もしくは、環境問題よりも、女性の社会的不平等の問題のほうが優先して解決すべきだ、と考える人もいるでしょう。ちなみに、私は、日本国内における子供の貧困問題を優先して解決したいので、奨学財団をつくったわけです。このように、人によって優先して解決すべきと考えている社会課題は、多種多様なはずです。

ところが、投資信託にお任せしてしまうと、多様な考えに対応することは難しくなります。ファンドというのは、交通機関でいえば乗り合いのバスのようなもので、停車場所も運行ダイヤも、全体最適の中でまとめなければ成り立ちません。そうすると、ESGの本質である「多様な未解決問題への挑戦」のはずが、いつのまにか「全体最適型の限られた課題の解決」に目的が集約されてしまうのです。

したがって、ホンモノのESG投資を行うなら、バスに乗るのではなくマイカーで自由に動き回れたほうが絶対に良いわけです。これを私は自由設計に基づく「セルフESG投資」と呼んでおり、『会社四季報』から自ら個別に気に入った銘柄で、自分だけのESG

投資を運用することを薦めているのです。

それでは、セルフＥＳＧ投資の場合、どのような銘柄に投資することになるのか。私が『会社四季報』から選んだ、その一例を紹介しましょう。

北海道小樽市に、証券コード２８１３の「和弘食品株式会社」という食品メーカーがあります。ラーメンのスープや麺つゆを製造している会社で、東証スタンダードに上場する企業とはいえ従業員は２７０人と３００人に達しない中小規模の会社です。私がこの会社を見つけ、投資したのは２０２２年の夏ですが、当時の時価総額は約30億円と小さく、いわゆる中小型銘柄の部類でブルーチップ中心のＥＳＧファンドには組み入れられる対象ではありませんでした。

私は『会社四季報』の最新号が出ると、約４日間かけて２０００ページすべてを読破します。これは、私が講師を務める複眼経済塾の塾長・渡部清二から伝授された四季報読破術によるもので、各ページは赤鉛筆の線で染まり、付箋だらけになり、四季報の背表紙は大きく反るまでになります。昨年２０２２年6月に発行された3集夏号を読み進める中で、私の目に留まったのがこの和弘食品のコメントで、そこには「今後5年で管理職に占める女性割合を倍の5%まで引き上げ目標設定。スキルアップ研修実施で側面支援。」という一文が書かれていました。

『会社四季報』のコメントは、非常に簡潔に凝縮された一文で書かれます。したがって、ここから真意を読み解くには、個々の言葉の行間や背景を感じ取り、少し想像力を膨らます必要があります。

このコメントを私なりに深読みすると、「和弘食品は、『今後5年間』という比較的長い期間の目標を立てた。つまり、それなりに覚悟を持った計画のはずだ。そこで『管理職』という大事な役目に女性を当てようとしている。その比率は、これまでの『倍』つまり、2倍増にするという意欲的なスタンスだ。しかも、『スキルアップ研修』に予算をかける充実ぶりで、ひょっとすると会社の女性に期待する度合いは非常に強いのではないか?」というようになります。

実は、私は8年間シングル・ファーザーとして、娘を育ててきました。毎日のように、仕事が終わるとスーパーに寄って食材を買いそろえ夕食を作り、寝るまでに食器を洗って掃除をする。そして、翌朝早く起きて洗濯を済ませ、娘を学校に送り出し、また会社に向かう。それまでやったことがなかった家事を朝から晩までやる中で、主婦の凄さ、女性の偉大さを、肌身に感じていました。特に、日常的な食の知恵、というのは目を見張るものがあり、いつも会社の女性スタッフには色々と教わって、助けられてきました。

この和弘食品のコメントを見たときに、食を扱うメーカーで女性たちが重用されたら、もしかしたらそのチャンスを活かして、会社が期待する以上の結果を彼女たちが出すのではないか、という直感が働きました。しかも、小さな会社とはいえ上場企業です。もし、この試みが上手くいったのならば、少なくとも北海道地域においては、それなりの影響度があるはずです。そうすれば、女性活躍の成功事例として北海道地域の他社にもプラスの影響を広げることが期待できるように感じました。

シングル・ファーザーの端くれとしては、シングル・マザーさんたちの苦労も身近な問題でした。私は男性ですから、そうはいっても収入面で苦労することはあまりありません。しかし、日本では女性に対する雇用環境は依然としてかなり厳しく、シングル・マザーが子供を養っていくには、給与水準の面できわめて困難な状況が続いています。その結果、その子供たちが苦労するお母さんを悲しませたくない、という思いで、部活動や進学を断念してしまうという問題が急速に拡がっています。もし、和弘食品が女性管理職の登用によって予想以上の成功を収められたとしたら、広い意味で女性の雇用環境・給与環境の改善に結び付いていく先駆的な事例にもなりうる、と考えたのです。

実際、和弘食品の業績は、その後、上方修正を繰り返します。それに伴い、株価は急速に伸び、2022年6月の四季報発売時点で3300円だった株価は、約1年後の2023年4月には約3倍の10460円の高値を付けるに至ったのです。

もちろん、女性従業員だけが活躍した結果としてこのような好業績になったわけではないでしょう。しかし、四季報を隅から隅まで読むと、女性従業員に対する真摯なリスペクトを感じる会社は、意外と少ないことに気づきます。そのような経営陣の前向きなスタンスが、少なからず社員全体のモチベーション向上にもつながっているように想像します。この成長が持続的かどうかはもう暫く経過を見る必要があるかと思いますが、株主総会を通じて、経営陣が今後もこの考えをさらに持続して強化していくことを株主として期待していることを、率直に伝えていきたいと思います。

セルフESG投資では、自分自身が株主になるわけですから、そのように自分の考えや想いを株主の立場から経営陣に対して直接ぶつけることもできるのです。ちなみに、ESGファンドに預けてしまっては、株主総会に参加する大事な権利そのものが与えられないのです。

一人ひとりがバラバラに投資するから意味がある

各自が自分の価値観にしたがって投資するとなると、投資対象は当然バラバラになります。すると、「みんながバラバラに行動したのでは、社会問題の解決につながらないのではないか」という意見が出てきます。これは、ＥＳＧファンドのように、巨額の資金を集中的に投下するから効果が出るのであって、少額の資金を個々人が投じた所で何も変わらないのではないか、と考えるためです。

私は、これはむしろ逆だと思っています。ファンドに資金が集まると、テーマはおのずと単一的となりその範囲は限定的に絞られることになります。ある意味、全体最適の中でなるべくわかりやすい課題にばかり向かいがちです。

一方、個人がそれぞれ投資先を決めるなら、投資対象ははるかに広範囲になります。各々の価値観に基づいて大事だと思う社会的課題は多種多様であり、それは動物保護でもいいし、少子化対策でもいい。結果として日本中の問題を網羅的に押さえることになります。特定の権威ある機関が決めるより、よほど多様で細かい隙間まで埋めることになるのです。

社会に対する関心事は、その人がどのような生活をしているかによっても異なります。たとえば２０２２年に通園バス内に園児が置き去りにされ、熱中症で亡くなる痛ましい事故がありました。

同じ年頃の子供を持つ親にとっては、非常に関心の高い出来事でしょう。毎日子供をバスで送り迎えするたびに、「うちの子は大丈夫か」と心配にもなります。同じような事故を二度と起こさないために親としてどうすればいいかを考えたとき、たとえば『会社四季報』を開くと置き去り防止装置を新たに開発し始めた会社が数社あることがわかります。これらの会社に投資をし、その資金を元手に防止装置がしっかり開発され、そして日本中に普及したとしたら極めて有効な再発防止策になるかもしれない。同時に、この装置が拡販されるということは、会社の業績も上がることになります。その結果、株価も上昇する可能性があるでしょう。これが、自分がそのときに最も関心のある社会的課題を解決するために有効な投資をする、ということだと思います。

これはあくまで一例で、家族に介護が必要な人がいれば、介護問題への関心が強くなるでしょう。日々の生活の中で解決を望むことは必ずあり、そうした意識を持っていれば解決してくれそうな会社も見えてきます。

日本中にこのような流れが広がっていけば、様々な問題解決にもつながっていくでしょう。

自分自身の「じぶん目標」を見つけよう

ＥＳＧやＳＤＧｓという言葉自体が国連由来のせいか、政治的で大所高所的な考え方に偏りすぎている感があります。「脱炭素」が典型で、なにかつかみどころがなく、雲の上の話に感じます。しかし、ＥＳＧの本質は、自分たちが幸せになるために、社会全体をどう改善していくのか、という人として当たり前の、いたってシンプルなことをしようとしているだけのことです。松下幸之助の言う、「世のため、人のため、ひいては自分のため」という言葉は、セルフＥＳＧ投資のためにある言葉ではないかと思うほどです。

したがって、投資をする目的は、もっと幅広く捉えていいと思います。要は独断と偏見でいいし、まずは自分が幸せになる方法を考えればいいのです。

そもそも、お上が定めた社会課題さえ解決すれば世の中のすべてが上手く行くというほど、世界は単純ではありません。ＥＳＧの最大の目的は、一人ひとりが幸せになることです。一人ひとりの多様な積み重ねがあって初めて、みんなが幸せになれるのです。

このことはＳＤＧｓを考えてもわかります。街中を歩くと17色に色分けされたＳＤＧｓバッジをよく見かけます。テレビでも「ＳＤＧｓ強化週間」などとＳＤＧｓの大切さを伝えたり、ＳＤＧｓに取り組む人たちの特集企画が増えました。

まさに世界中の誰もが幸せになるための素晴しい取り組みですが、正直、我々日本人が本音で納得しているか、少々疑わしいのではないでしょうか。ちなみにＳＤＧｓは、17のゴールから構成されています。以下に挙げてみます。

「1　貧困をなくそう」「2　飢餓をゼロに」「3　すべての人に健康と福祉を」「4　質の高い教育をみんなに」「5　ジェンダー平等を実現しよう」「6　安全な水とトイレを世界中に」「7　エネルギーをみんなに、そしてクリーンに」「8　働きがいも経済成長も」「9　産業と技術革新の基盤をつくろう」「10　人や国の不平等をなくそう」「11　住み続けられるまちづくりを」「12　つくる責任　つかう責任」「13　気候変動に具体的な対策を」「14　海の豊かさを守ろう」「15　陸の豊かさも守ろう」「16　平和と公正をすべての人に」「17　パートナーシップで目標を達成しよう」

いずれも世界平和のためには大事な内容ですが、日本に住む私たちにとって、自分ごととしてピンと来る人は少ないのではないでしょうか。「飢餓」や「トイレ」と言われても、正直、何のことを言っているのか実感が沸かない人も多いように思います。

もちろん飢餓をゼロにすることは大切です。が、「自分のための幸せ」という視点で考えると、もっと身近な課題を考えたい、というのが本音ではないでしょうか。

幸せになるために何が必要かは、その人の持つ哲学やライフスタイルによっても違います。そこで大事になるのが自分なりのＥＳＧ目標を、しっかり自覚して考えることです。

たとえば私にとって解決すべき社会課題は、68ページの図表2-1のようになります。「暴力をなくす」「女性の活躍」「子供主役」「健康と安全の確保」「食料と水」「災害対策」「環境対策」「教育の質的向上」「新しい社会システムの構築」などです。これらの問題を解決することが、私が幸せに生きていく上でとても大切だと感じていることです。

一部はＳＤＧｓと重なりますが、私にとってより切実な課題も入っています。そしてこの目標は、あくまで私個人が幸福になるためのものです。人によっては、「もっとこれを入れたい」と思うものもあるでしょう。

そこでまず一つでも良いので、自分の中で「こうなってほしい」「ここを改善したい」

図表2-1　私の考える「じぶん目標」

項目	内容
暴力をなくす	暴力、いじめ、社会格差などを無くしたい
女性の活躍	女性が本当の意味で活躍できる社会にしたい
子供主役	子供が抱える様々な問題を社会が支え、解決できるようにしたい
健康と安全の確保	健康で安全な社会を実現したい
食料と水	食料問題、水資源問題、これに関わる生態系問題を解決したい
災害対策	災害、防災に関するレベルを上げたい
環境対策	脱炭素、生態系、生物多様性、エネルギー等の問題を解決したい
教育の質的向上	子供だけでなく大人も含めたリテラシー向上を実現したい
新しい社会システムの構築	資本主義や民主主義などシステム基盤の新時代を切り開きたい

と思うことを挙げてみてはどうでしょう。SDGsなどで掲げているものとは違う、自分自身がしっくりくる、「これが解決すれば、私はもっと幸せになれる」と思える「じぶん目標」です。

この「じぶん目標」は、おそらく時間と共に変化していくはずです。自分の置かれた環境やライフステージによって、解決したい課題は当然違ってきます。人生は紆余曲折に満ちています。

私自身、ある日突然シングル・ファーザーになり、生活環境が激変しました。この日を境に自分の中で「大事」と思うものもガラリと変わりました。昨日と今日で「じぶん目標」が大きく変わる。これは誰にでも起こり得ることでしょう。

ＳＤＧｓのように政治的に決められた目標は、よく練られていてすべての人々を包括するバランスの良さがある半面、一度決めたら簡単には変えられず、臨機応変さがありません。その結果、何か世の中が激変するようなことがあると、妙な矛盾が生じることがあります。

たとえば、ＥＵを始め国際社会で盛んに言われた「脱炭素」にしても、２０２２年にウクライナ戦争が起こると、とたんに曖昧なものになりました。特にヨーロッパでは、ロシア産の天然ガスを頼れなくなり、それまでダイベストメントまでして徹底的に叩いていたCO_2排出量の多い石炭利用への回帰が始まっています。このように、言っていることとやっていることに矛盾が出てきているのです。

結局、個人の場合、人生に変化があれば目標自体も臨機応変に変えていくことができます。硬直的なＳＤＧｓより、自分の実情に合った自分の幸せのための「じぶん目標」を持ち、その解決に向けて動いたほうが自分の幸せに近づけるのではないかと思います。そしてこの「じぶん目標」の自覚と設定が、セルフＥＳＧ投資の実現につながっていくのです。

セルフESG投資は究極のガバナンス

セルフＥＳＧ投資は、自分のお金の使い道を自分で決めるというものです。これまで、日本においては長くお金の預け先は銀行が中心でした。銀行は預金者から預かったお金を企業などに投資して利益を得ます。これは間接金融と呼ばれるもので、投資先を決めるのは、預金者ではなく銀行です。

預金は、自分のお金の投資先を銀行に無条件に白紙委任しているということと同義で、預けたお金の使い方に対して持ち主としては最後まで責任を果たしているとは言い難い状況ではないかと思います。

同じことは投資信託にもいえます。投資先の選定と運用をファンド・マネージャーに一任しているわけで、やはり最終的な投資先のお金の使われ方までは窺い知ることはできません。投資信託は、その意味で銀行と同じく間接金融に準ずるものと考えるべきだと思います。

預けたお金の投資先がはっきり見えず、また、そのことに不安も関心も持たずに「丸投げ」状態であることにあぐらをかいているというのは、厳密には自己責任を果たしているとは言い難いのではないかと思います。しかし、日本においてはこれが「フツー」な状態で、そのことに慣れすぎているように思います。

これは政治においても同じことが言えます。日本は民主主義国家ですから、国民は選挙で政治家を選ぶ権利を持っています。にもかかわらず日本の投票率は極めて低く、やはり判断を他人に任せることにあまり疑念がありません。それでいて何か問題が起こると「役人が悪い」「政治家が悪い」などと文句を言うことが多いようにも思います。

投資は本来、自己責任でやるべきものです。それを自覚したうえで、投資家としての義務を果たすべきではないでしょうか。特にセルフＥＳＧ投資の世界では自己責任という考え方がひときわ大事になります。

セルフＥＳＧ投資こそ究極のガバナンスで、ある会社の株を買ったなら、その会社の経営もチェックする。投票権がありながら投票に行かない人のように、株を買っただけで何もしないのは投資家としてやはり無責任です。納めた税金を無駄遣いしてほしくないのと同じように、投資したかぎりは経営に無駄がないかをチェックする。

それを行うための場が株主総会で、そのために株主には株主総会の招集通知が来ます。

株主総会に出席して、経営について賛否を表明する。それでこそよい意味での緊張感や信頼が、株主と経営者の間に生まれるのです。

ＥＳＧファンドの場合、資金の運用を一任されているファンド・マネージャーがファンドを代表して株主総会に出席しているのか、というとほとんど出席していません。これは投資信託の複雑な仕組みが原因で、ひとことで言うと投資信託会社には一義的には株主総会に出席する資格が無いためです。このため、下手をするとＥＳＧファンドは、株主総会を欠席したまま、議決権だけを委任で間接的に行使しており、本当の意味でのヒザ詰めの血の通ったガバナンスは実施できていない可能性があります。

もちろん多くのファンド・マネージャーは、株主総会に出席できなくとも、総会以外の場で熱心に経営陣とコミュニケーションを図っています。ただ、株主総会という法的に正式な場ではないことに加え、ファンドの資金はいくら巨額とはいえあくまでも他人から預かった資金であり、少額といえども自己資金を直接投じ、かつ総会に出席できる個人投資家と比較すると精神的な重みには大きな違いがあると言えるでしょう。

個人投資家が、真剣に自分のお金を投資する。そして、わざわざ株主総会の場に足を運び、面と向かって「私の大事なお金ですから大切に使ってください」と言うから社長の心に刺さるのです。

株主と経営者は一蓮托生の関係

会社のガバナンスと聞いて、「自分とは関係ない」「難しくてわからない」と思う人もいるかもしれません。

そもそもガバナンスとは、株主を含むステークホルダー（利害関係者）の利益を守るために生まれた考え方です。また英語で株主は「シェアホルダー」または「ストックホルダー」ですが、株主と会社の関係を「セイムボート（同じ船に乗る）」ともいいます。つまり株主と経営者は別々の船でなく、同じ船に乗っている仲間なのです。

「ガバナンスをきかせる」というと、株主が経営者を支配するイメージがあります。しかし、本来の株主と経営者の関係はそのような関係ではありません。あくまで、「同じ船に乗る仲間として一蓮托生で運営していこう」というものなのです。

日本の本当に強い会社にオーナー系企業が多い理由もそこにあるように思います。株主側と経営側が実質的に同じで、一蓮托生の関係にあるから強い力を発揮できるのではないでしょうか。

大事なのは株主と経営者が強い絆で結ばれていることで、その絆の強さの担保となるのがお金です。自分の大事なお金を託すことで、経営者と強い絆を結べるのです。

先に資産運用は直接金融であるべきと述べた理由も、そこにあります。ESGファンドに託して会社と自分の間に誰かが入ってしまうと、絆がつながらないからです。直接つながることで、応援や支援もしやすくなる。株式会社におけるガバナンスやセイムボートの部分が、よりはっきりするのです。

日本の講もESG投資の一種

昔のヨーロッパでは、社会課題の解決を教会への寄付が担っていた部分があります。政治がいまほど力を持たない時代には、信者から集めた寄付で教会が地域のインフラ整備をしたり、貧しい人たちを救済していたりしました。

日本でも、もあい（模合）や講（頼母子講）、無尽といった助け合いのシステムがありました。研究者によっては、これらのほうがよほどESGの考えに近いという人もいるほどです。

これらは村のみんなでお金を出し合い、社会課題を解決するという仕組みです。いままでも沖縄や山梨の村には、このような仕組みを残しているところがあるといいます。みんなで少しずつお金を出し合い、集まったお金を村の誰かのために使うのです。

たとえば今年は集まったお金を3人に渡すと決めたら、どの3人にするかを合議で決めるのです。選ばれたい人は、なぜお金が必要かをみんなの前で伝えます。「うちの娘は今年から高校に通う。家からは通えないので下宿しなければならない。その下宿代を出してほしい」といった具合です。

別の人も「この前の台風で屋根瓦が飛んだので、これを修理したい」などとアピールします。それぞれの事情を聞いたうえで、「今年はこの人に使ってもらおう」とみんなで決めるのです。

このような相互扶助の仕組みが、日本では江戸時代までずっと続いていました。その後、明治維新以降の近代化政策の中で、徐々に衰退していきました。

ただし完全にはなくならず、各地で形を変えながら生き残りました。実は銀行業の一形態である信用組合も、原型はこの制度だと言われています。地域の組合員がお金を信用組合に預け、それらを地域の発展に生かすのが目的で、基本的には西洋型の銀行とは設立の趣旨が異なります。

信用組合では加入するにあたり、最初に出資金を支払います。銀行のように口座に預金する形を取らないのは、もあいや講でお金を出しあっていた名残のようです。

このように日本では、各村々で社会課題を解決する仕組みが古くからありました。ここで注目すべきは、当時からお上が資金を集めて権力的に行っていたわけではなく、各村々の小さな集合体の中で、個人個人のレベルで自主的にこの仕組みを運営していた、ということです。しかも、テーマはその都度多様であり、その時々で重要視される物事も臨機応変に変化しつつ、まるで生き物のように運営されていた。おそらくＥＳＧが進化していく方向性は、日本のこの古き良き、しかし失われた仕組みの中に多くのヒントがあるはずだ、と私は考えています。そして、その進化の糧を包括的にうまく取り込める方法論は、自分たちが自己責任で自らの判断と自らの行動で行っていく「セルフＥＳＧ投資」が最も適しているだろう、と考えているのです。

第3章

セルフESGを成功させる基本的ポイント

ＥＳＧのＤＩＹ

さて、進化系のＥＳＧは、「セルフＥＳＧ投資」だ、ということを述べてきました。これは、投資信託であるＥＳＧファンドを購入して他人任せにするのではなく、自らのＥＳＧ課題に合った個別銘柄を『会社四季報』から選び出し、自分自身の力で個人投資家として投資・運用していく。いわば、ＥＳＧ投資のＤＩＹ（Ｄｏ　Ｉｔ　Ｙｏｕｒｓｅｌｆ）です。

ただ、多くの人は、生き馬の目を抜くような株式マーケットの中で、本当に自分にそんなことができるのか、あるいは、普段仕事を抱えながら自分で投資する時間的な余裕はあるのか、と不安になるかもしれません。

もちろん、個人投資家として自立するには多少の勉強は不可欠です。でも、これまで複眼経済塾の講師として約10年間、のべ約一万人を超える塾生を教えてきた実感として、どんな初心者の方でも半年から一年の経験を積めば、十分立派な個人投資家になれると思います。

また、塾生の約８割が30代から50代のアクティブ世代で、実際仕事を持ちながら兼業で個人投資家をしている人がほとんどです。複眼経済流のやり方では、特に毎日株価と睨めっこすることもなく、『会社四季報』を上手に使いながら最低３カ月に一回、投資内容の組み直しを行うだけで、十分に相応の成果が期待できると思います。

基本は2つのレベルで「バランス」を考えること

私が教える複眼経済塾の塾生の中には、上場企業の大株主として名を連ねる著名ベテラン投資家もいれば、投資を始めてまもない初心者もいます。そんな塾生たちとの会話で気づくのが、投資を「全体のバランス」で俯瞰する視点にやや欠ける人が意外と多いことです。

たとえセルフＥＳＧ投資を行うとしても、ＥＳＧ銘柄だけに偏って投資するのはバランスの観点からは全くダメです。正しいバランスで、より安定的かつ合理的にセルフＥＳＧ投資を行っていただきたいと思います。

正しいバランスを考える上で欠かせない、２つの重要な視点があります。一つは、「所

図表3-1　所有資産全体のバランスとポートフォリオのバランス

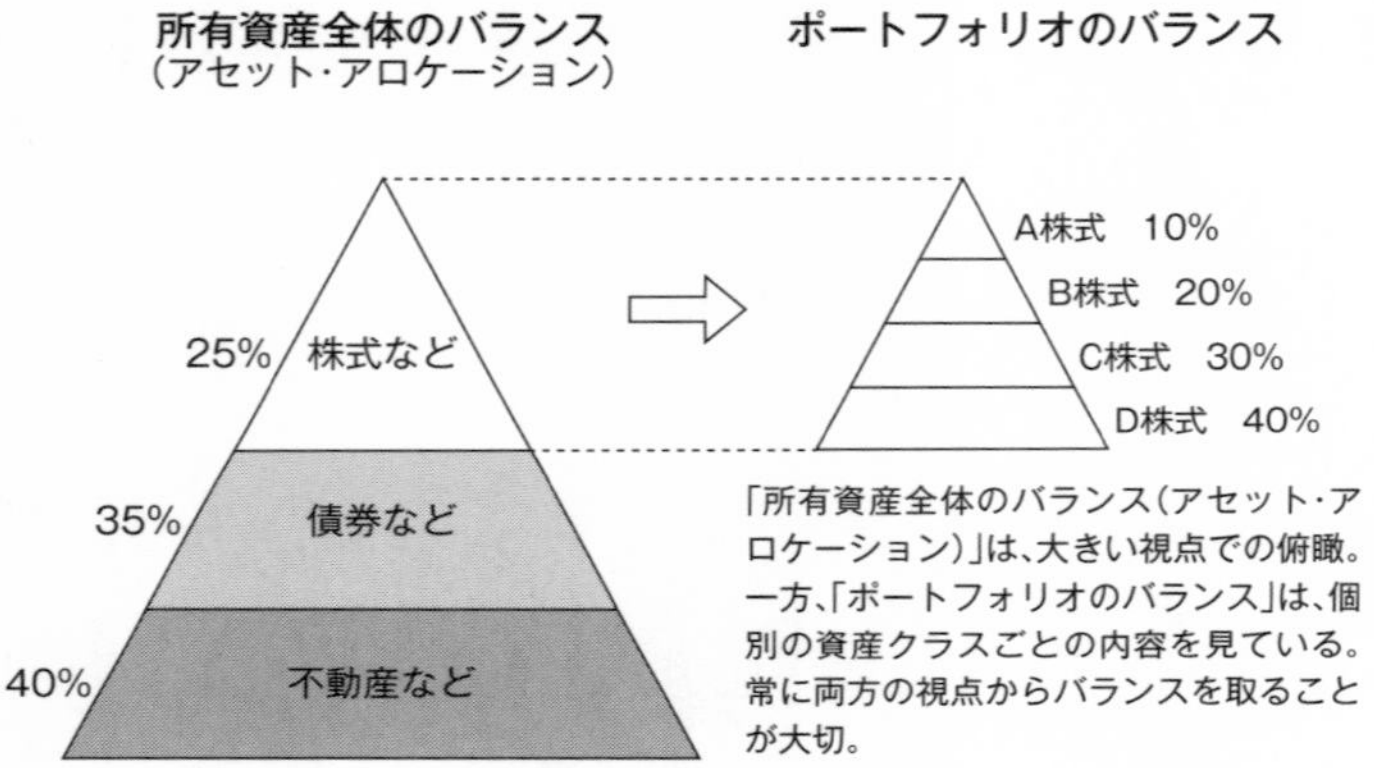

「所有資産全体のバランス（アセット・アロケーション）」は、大きい視点での俯瞰。一方、「ポートフォリオのバランス」は、個別の資産クラスごとの内容を見ている。常に両方の視点からバランスを取ることが大切。

有資産全体のバランス」です。これは、より大きい視点でご自身の持っている資産全体を俯瞰する見方です。そしてもう一つは、株式や債券など資産クラスごとの「ポートフォリオ（銘柄構成）のバランス」です。こちらは、逆に各資産の小さなまとまりに焦点を絞って、投資銘柄の集合体として俯瞰する見方です。（図表3―1参照）

「所有資産全体のバランス」は、専門用語では「アセット・アロケーション」といいます。これは、ご自身が持っている資産のすべてを加味して考えるバランスです。たとえば、自宅のマンションなどの不動産や、自動車、別荘、金や宝石、アート、高級腕時計、株式、債券、投資信託など、あらゆる所有資産全体のバランスを俯瞰して考える視点です。なお、この各資産のことを「資産クラス（アセット・クラス）」と言います。

一方、「ポートフォリオ（銘柄構成）のバランス」というのは、資産クラス（アセット・クラス）ごとに分類して、その資産の中身のバランスのことを言います。たとえば、「株式ポートフォリオ」の内訳は、A社株100株、B社株200株、C社株300株を持っている。「国債ポートフォリオ」は、10年国債と5年国債を1000万円ずつ持っており、「不動産ポートフォリオ」は自宅マンションだけ、といった具合です。ポートフォリオというのは、まさにこのように各資産クラスの中身を構成している銘柄の集合体を指しており、この銘柄の内訳を戦略的に組み替えていくことをポートフォリオ・マネジメント、といいます。

この2つのうち、まずは前者の「所有資産全体のバランス」、すなわち「アセット・アロケーション」の観点から、セルフＥＳＧ投資を行うには、どのようなバランスを取るべきかをお伝えしたいと思います。

基本は「家」をつくるイメージ

一般的にバランスの良い形というのは、ピラミッドのように下のほうが大きく、上のほうが小さい形ではないでしょうか。たとえば子供が砂場で城をつくるときや、レゴブロックで何かをつくることを想像してみてください。しっかりしたものをつくろうとすれば、土台部分を大きくして、上に行くほど小さくするはずです。安定したポートフォリオの形もこれと同じです。

ご自身で家を建てるときを考えると、よりイメージが湧くかもしれません。たとえば5000万円の予算で家を建てる場合、皆さんはどんな予算配分をするでしょうか。折角、オーダーメードの注文住宅を建てるのだから、デザイナーズハウスのようにお洒落な空間をつくろうと、内装に多くの予算を使いたくなるかもしれません。しかし、ウワモノにお金をかけすぎてしまって、家の本体や基礎・土台に回すお金が足りなくなってしまったらどうでしょう。その家は、見た目はゴージャスですが、実は構造が脆弱で台風や地震などの災害にとても弱い家になってしまうかもしれません。

図表3-2　私が考える理想的なアセット・アロケーションのバランス

階層	リスク度	比率	資産内容(例)
内装	高リスク	2.5	中小型成長株、セルフESG投資
家(躯体)	中リスク	3.5	財務優良な中大型株、財務優良な高配当株、NISA(成長投資枠、アクティブ投信)
基礎・土台	低リスク	4	変動利付国債、金、不動産、NISA(つみたて投資枠、インデックス投信)、iDeCo など

所有資産全体のバランス（アセット・アロケーション）を考える場合もこれに似ていて、安定した形にするには地味に見える土台部分に、まずは十分な予算を配分する必要があります。足元のインフレ環境を前提にした場合、この土台部分に適した金融商品は、たとえば「個人向け変動利付国債」（利率が変動する日本国債）や「金（ゴールド）」、「不動産」、あるいは税制優遇制度の「つみたてＮＩＳＡ」や「ｉＤｅＣｏ」を利用した「定額積立の投資信託」など、堅くて低リスクのものがここに当たるでしょう。

そして、柱や壁などの家の本体に当たる部分が、財務状況がしっかりした「大型株」や「高配当株」などになるでしょう。第1章で述べたブルーチップ銘柄がまさにここに入ります。余程のことがなければ潰れることがない銘柄で、株価が何倍にも上がるというより、長期安定的に利益や配当が出せるかどうかが重要です。いわゆるディフェンシブな所ですが、ここにもしっかり予算を回すことが大事です。

そのように基盤を固めたうえで、最後にキラキラした照明や家具などの内装に予算を回す。これがリスクを取る部分で、「中小型の成長株」や「テンバガー銘柄（株価が10倍になるような銘柄）」などです。「ESG分野で革新的な技術等を持つ成長銘柄」も、多くはこのカテゴリーに入ることでしょう。

つまり、「セルフESG投資」といっても、予算のすべてをESGだけに突っ込むのではなく、しっかりと安定的な基礎・土台を固めた上で、適切なバランス感覚の範囲で「ESG銘柄」にも投資していくのが、まず大事な一歩なのです。

ちなみに、このバランスの理想的な形は、人によって少しずつ異なってきます。なぜなら、その人の価値観とリスクに対する感覚によって、心地よいと感じるバランスが人それぞれ違うためです。ちなみに、私の場合は、83ページの図表3-2に示したとおり、土台に4割、家の本体部分に3・5割、リスクテイクする内装部分に2・5割、のイメージが心地よいバランスだと思います。

土台部分で上手に使いたい「つみたてNISA」制度

前項で土台部分に適したものとして、税制優遇制度の「つみたてNISA」や「iDeCo」に触れました。なぜこの制度が土台として良いのか、少し詳しく説明します。

つみたてNISAは、毎月の定額積立による投資を支援するための非課税制度です。年間40万円（累計800万円）まで積立による投資信託にかかる利益が非課税になります。さらに2024年からは新制度となり大幅に枠が拡充され、つみたて投資枠は年間120万円（累計最大1800万円）までが非課税になります。

また、iDeCoは、毎月の定額積立を年金に応用したもので、つみたてNISAよりもさらに税優遇の幅を広げているものです。具体的には、年金として積立投資した分について住民税・所得税の控除がある他、つみたてNISA同様に投資の利益に対しても税金はゼロ、また総額1500万円まで年金受取に対しても税金がかかりません。

なお、iDeCoは年金制度ですから、積み立てしたものは年金を受け取れる老後になるまで（原則60歳以降）引き出すことができませんが、つみたてNISAのほうは、いつでも自由に解約して引き出すことができるのが特徴です。

さて、この2つの制度に共通するキーワードは、毎月の「定額積立」という投資手法です。これは、毎月同じ金額で投資信託を買い付けていく方法のことを指します。専門用語では、これを「ドルコスト平均法」といいます。

特に初心者にとって投資を難しく感じさせているのは、買うタイミング、売るタイミングを適切にはかることが困難なところだと思います。もしタイミングが良ければラッキーですが、万が一タイミングが悪く価格が高いときに買ってしまうと、買った後に即座に値下がりして損失を膨らませてしまうかもしれません。

しかし、この買い付けのタイミングの難しさを、誰でも簡単に解決する方法があります。それが「定額積立（ドルコスト平均法）」で、初心者でもオートマチックにリスクを軽減できる、とても優れた手法です。

さて、百戦錬磨の凄腕投資家の人がいたとします。この人は、いったいどんな投資行動を取って、成果を上げているのでしょうか。この人のマネができれば、自分でも上手に投資ができそうです。実は答えはシンプルで、この凄腕投資家は、常に安いときに買い、高いときには買わない。これが、投資に勝つための昔から変わらない鉄則です。

図表3-3　日経平均株価（日経225）を月々5万円ずつ積み立てた場合のシミュレーション
（期間：2003年7月～2023年6月　20年間・240ヵ月）

出所：筆者作成

「定額積立（ドルコスト平均法）」は、この鉄則を「ほぼ自動的」に実施できるのです。毎月定額で積み立てると、価格が安いときにはたくさん買い、高いときは少しだけ買うことになります。毎月1万円分積み立てるなら、1口が1000円のときは10口、2000円のときは5口買うことになるわけです。

結果的に安いときにたくさん買うことになり、概ね凄腕投資家と同じような行動を取ることになるため、これを長期間続けた場合、安全かつ高いリターンを得やすいのです。

具体的に見てみましょう。図表3-3は、2003年7月から2023年6月までの20年間で毎月5万円を日経225に連動するインデックス投信で積み立てた場合のシミュレーションです。

掛け金は毎月5万円を20年間なので、5万円×12カ月×20年＝1200万円です。一方で20年間の値動きを見ると、上がったり下がったりしながら積み立てした資産時価は最終的に2572万円になっています。

銀行に毎月5万円預けるだけなら1200万円に僅かな金利収入が乗る程度にしかなりませんが、日経225連動のインデックス投信で積み立てることで2・14倍に増えたわけです。

では仮に初日の2003年7月に1200万円分をいっきに買った場合どうだったかというと、結果として3・35倍の4020万円になっています。

一見すると、最初にまとめて買ったほうが儲かるように思うかもしれませんが、これはリスクを過度に取ったからで、「結果オーライ」とも言えます。株価は必ずしも右肩上がりに上昇するとは限りません。万が一、右肩下がりになった場合、初日にまとめて投資していると傷口が大きくなりますが、ドルコスト平均法だと、これを最小化できます。このことは、ユニクロ（ファーストリテイリング）と私の古巣である野村證券の株で比較しシミュレーションすると分かりやすいと思います。たとえばユニクロ（ファーストリテイリ

図表3-4　ファーストリテイリング株（ユニクロ）を月々5万円ずつ積み立てた場合のシミュレーション
（期間：2003年7月～2023年6月　20年間・240ヵ月）

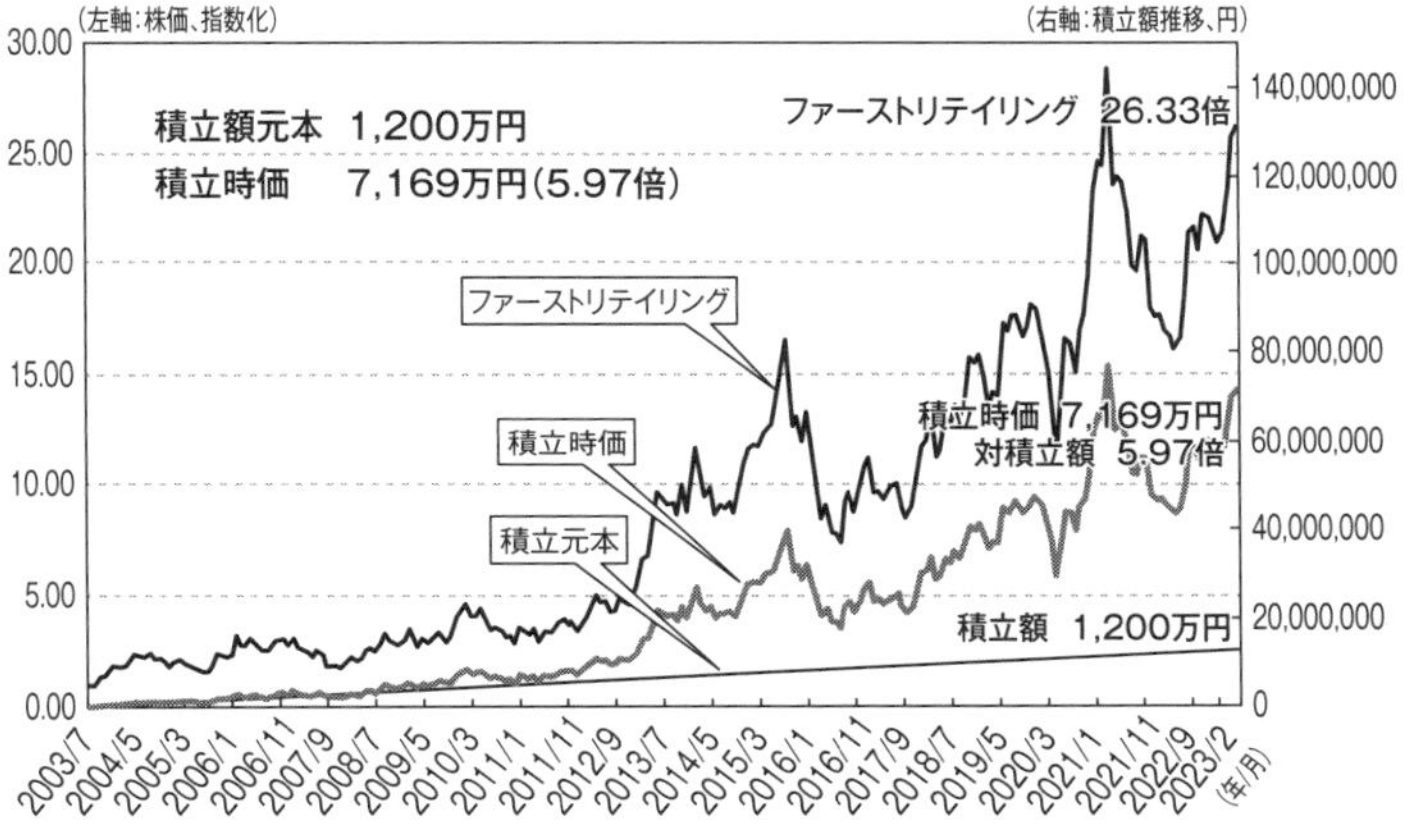

出所：筆者作成

図表3-5　野村ホールディングス株を月々5万円ずつ積み立てた場合のシミュレーション
（期間：2003年7月～2023年6月　20年間・240ヵ月）

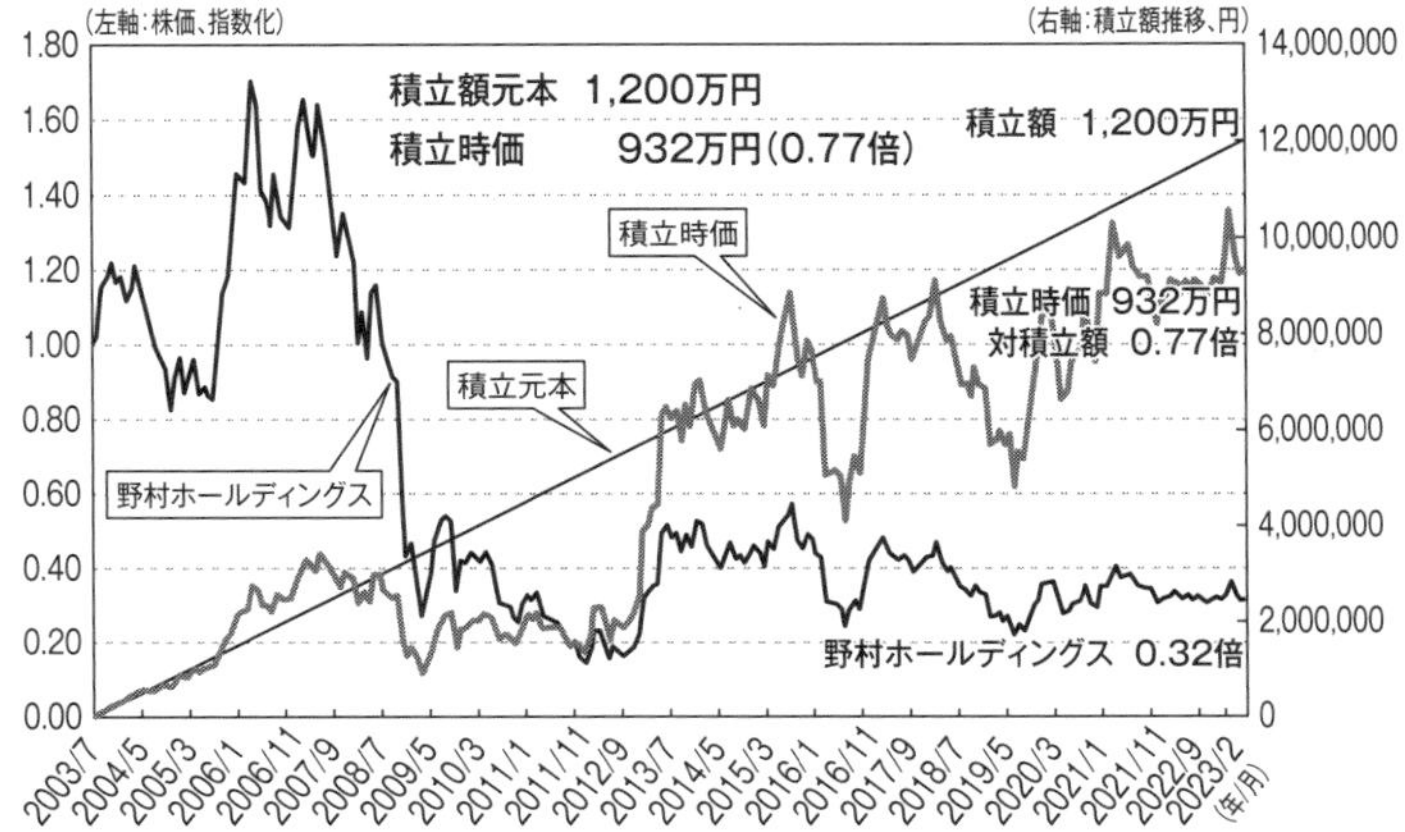

出所：筆者作成

ング）の株に毎月5万円ずつ20年間投資した場合、1200万円の原資が7169万円と、約6倍になっています。

一方で野村證券の株は、この20年で株価が3分の1になりました。かりに20年前の初日に1200万円分購入していたら、約400万円まで減少したことになります。

ところが毎月5万円ずつ積み立てていたら、932万円は残る格好になります。ドルコスト平均法の時間分散効果によって、下落リスクも大幅に低減できた証拠です。

つまり、つみたてNISAやiDeCoは、ドルコスト平均法によって、下がるリスクをしっかり抑えながら、リターンも相応に取れて、しかも節税にもなっているという極めて優秀な、「使える」制度なのです。

インフレ時の債券や銀行預金は要注意

一方、一般的に「ローリスク・ローリターン」として認識されている商品でも、必ずしも土台に適しているとは限らないものがあります。特に債券はインフレの時代には注意が必要です。

日本では2022年頃から物価が上がり始めていますが、このような局面では債券は要注意です。2023年3月にはアメリカのシリコンバレー銀行、シルバーゲート銀行、シグネチャー銀行の3行が相次いで経営破綻し、そしてスイスのクレディ・スイス銀行の経営不安にまで波及しましたが、その最初のきっかけには銀行が保有していた債券の目減りがあります。

従来、保有資産で最も安全と思われていたのが債券ですが、急激なインフレで価値が毀損したからです。特に問題なのが、予め利回りが確定している固定利付債券です。インフレで市中金利が上がったことで、一種の元本割れが生じてしまったのです。

債券が危ないということは、運用の大半を債券に頼っている銀行の預金も危ないということでもあります。シリコンバレー銀行などで起きたことが今後、日本の銀行で起きないとも限りません。日本では預金者のお金は預金保険制度により1000万円までは保護されますが、それ以上は対象外です。

さらにいえば預金を保護する預金保険機構も予算に限りがあるので、複数の銀行が連鎖破綻すると最悪1000万円が保護されないことも考えられます。そう考えると銀行預金も万全ではなく、所有資産全体のバランスを考える中で、少なくとも預ける金額は100

0万円以下に抑えておく必要があります。さらに言うなら、銀行口座も複数の銀行に分けておいたほうが安心です。

ではタンス預金、つまり現金で持っていれば安全かというと、これもリスクがあります。インフレが加速するようになると、1000万円の現金の価値が10年後には半減している可能性もあります。

従来日本では、保有資産として債券や銀行預金が最も安全と言われてきましたが、今後インフレ時代になることを考えると、そこはしっかり考えておく必要があります。

セルフESG投資は、いちずな恋では失敗する

さて、ここまで「所有資産全体のバランス」について、家やその土台を例えにお話ししてきました。これは、先述のとおり大きい視点からのバランス感です。ここからは、より焦点を絞った個別銘柄に関係する「ポートフォリオ（銘柄構成）のバランス」について踏み込んでいきたいと思います。

自分自身で、自らの考えに合う銘柄を『会社四季報』から発見し、投資していく。これ

が「セルフESG投資」の醍醐味です。実際、四季報を読破していくと、実に多くの魅力的な銘柄に出会います。

セルフESG投資を行うには、投資先企業への「想い」が非常に大切です。ただ、想いばかりが強すぎると、「恋は盲目」ではありませんが、その気に入った銘柄1社のことばかりが気にかかってしまうことがあります。こうなると、正常な投資判断を狂わせることになってしまいます。

「木を見て森を見ず」ということわざは、皆さんも聞いたことがあると思います。辞書によれば、「個別にこだわりすぎて全体像が見えておらず、物事の本質を見失っている状態」とされています。投資においてもこのことがきわめて重要で、「個別の銘柄」ばかりに目が行ってしまい、全体の状況が正確に見えなくなって判断を誤ってしまうことがあります。まして、その1社だけに絞って投資する、というような一途なやり方は極めて危険と言わざるを得ません。

したがって、基本は複数の銘柄でポートフォリオを組むことから始まります。たとえば、A社、B社、C社の3銘柄でポートフォリオを組んでいるとします。いわば、これは3人によるチーム戦のようなものです。このチームの勝敗としては、A社が仮に調子が悪くても、B社とC社が頑張って穴埋めすれば、全体としては勝てる、ということです。もしこれが、個別戦のようにA社だけに投資をしていたらどうでしょう。A社が調子をくずせば、チーム戦のようにカバーしてくれる銘柄がありませんから、途端に負けが決まってしまいます。

これが「分散効果」というもので、スポーツでもそうですが、個別戦よりはチーム戦のほうがいざというときにお互いに助け合える分、より安定的で確実性の高い運用をすることができます。

だとすると、上手にバランスのよいチームをつくれるかどうかが、まずは投資を成功させるうえで極めて重要だということがわかります。1銘柄だけで勝負するのはもってのほかですが、似たような性格の銘柄ばかりを10銘柄ならべたチームと、全体として力を合わせてお互いの弱点をカバーしあうことができる多様性のある10銘柄のチームとでは、おのずと結果が変わってきます。

ポートフォリオ構築は、野球の監督の視点で行う

投資はチームスポーツ、と是非考えていただけたらと思います。そして、皆さんは、そのチームの「監督」の立場になっていただきたいのです。

先日、WBC（ワールド・ベースボール・クラシック）が行われました。今回は、栗山英樹監督が見事優勝に導いたわけですが、栗山監督の仕事をなぞれば、皆さんがすべきことが見えてきます。

まず、栗山監督は就任直後から、代表選手の選定に入りました。これが、ポートフォリオ構築でいうところの銘柄選定と同じ意味を持ちます。選手選定において、栗山監督は同じような選手ばかりを集めた訳ではありません。守備が得意な選手、足が速い選手、バントが上手い選手、ヒットが打てる選手、など様々な場面を想定して、全員で勝てるバランスのよい選手選考を行っています。

もちろん、もし違う人が監督に就任していれば、栗山監督とは違う選手を選考するでしょう。重要なのは、自分の采配に合った選手を集めることであり、そのチームで必ず勝てる構成を組むことです。

ポートフォリオの構築もこれと同じです。よく見るミスは、株価が上がりそうな銘柄ばかりを、つまみ食いのように買うやり方です。これでは、とてもチームは成立しそうにありません。しかも、目先の株価ばかりを気にしており、その銘柄の実力や特性に目が行っておらず、まさに木を見て森を見ず、全体のバランスにはほとんど気を配っていません。

さて、プロ野球の場合、先発メンバーは９名、控え選手を含めると25名がベンチメンバーです。ちょうど、25というのは私が考える理想的なポートフォリオの銘柄数と合致しています。

四季報からどのような視点でＥＳＧ銘柄を選ぶのかは、具体的に第5章で詳細にご紹介します。まずここでは、メンバーを選ぶ際のざっくりしたイメージを持っていただくために、２０２３年3集夏号から私が選んだ25銘柄の中で、野球になぞらえて先発9選手をご紹介しましょう。

先述のとおり、私がポートフォリオを組む場合は常にバランス重視であり、ＥＳＧ銘柄だけで染めることはありません。ＥＳＧ銘柄を中軸におきつつ、時価総額で大型・中型・小型をちりばめ、なおかつ一部の銘柄においてはＥＳＧとは関係なく多少ハイリスクでも大きく株価が伸びると見込まれるテンバガー系の銘柄を織り交ぜるなど、様々な面白い銘柄を『会社四季報』から選んで配置します。

①５５７０　ジェノバ　［小型・成長ＥＳＧ］農業自動化。トプコン大株主。
②６３２６　クボタ　［大型・堅実ＥＳＧ］農機ど真ん中。国立環境研提携。
③８３０６　三菱ＵＦＪ　［大型・堅実］高配当。インフレ追風。ユダヤと絆強い。
④８１５１　東陽テクニカ　［中型・成長ＥＳＧ］次世代エネ。空飛ぶ車で攻勢。
⑤４５５４　富士製薬　［中型・成長ＥＳＧ］女性医療特化。高配当。高成長。
⑥５５２７　Ｐｒｏｐｅｔ　［小型・成長ＥＳＧ］地方高級住宅、再生中古マンション。
⑦７８２９　サマンサＪＰ　［小型・回復］悪材料出尽くしで業績回復期待。倒産注意。
⑧６３１６　丸山製作所　［小型・成長ＥＳＧ］農業製品。農業大国インド進出。
⑨４８３８　Ｓシャワー　［小型・回復］コロナ後でフェス完売続出。回復期待。

なお、この９銘柄は、あくまで『会社四季報２０２３年３集夏号』発売直後の２０２３年６月中旬時点の分析に基づきピックアップしたものです。その後、株価や業績等、情勢は当然時間経過と共に変化しており、読者がご覧いただいている時点において再分析すれば、選ぶ銘柄は大きく異なってきます。また、投資を推奨するものではありません。投資はあくまで自己責任で実施してください。

ＮＩＳＡ（成長投資枠）はテンバガー（10倍株）に使うべし

セルフＥＳＧ投資のポートフォリオを仕込む際に、一部の銘柄について一般ＮＩＳＡを活用することを検討してみましょう。２０２４年からは、「成長投資枠」と名称も変わり、投資できる金額が年間２４０万円に拡大されます。この本が発行される２０２３年9月時点では旧制度下ですが、すぐに２０２４年の制度改正を迎えますので、ここでは新制度の仕組みを前提に説明します。

ＮＩＳＡは、投資収益が非課税になり非常にメリットが大きい制度で、岸田政権の肝いりの改正ですが、やや仕組みが複雑でしっかり理解できている方も少ないと思います。ただ、ここで覚えておくべき話は3つだけです。

①「つみたて枠」と「成長投資枠」の2種類ある。

②「つみたて枠」は、投資信託を買う。家の「土台部分」に使う。

③「成長投資枠」は、株も投資信託も両方買えるが、主に中小型成長株に使う。

この他にも、金額枠の話や、生涯枠のことなど、ややこしい話が制度上いっぱいありますが、それらは全部忘れてもらって大丈夫です。運用していく上で細かいルールを知らなくても、特に困ることはありません。

むしろ、皆さんが絶対に知っておかなければいけないことは、逆にルールブックには書いていないことです。それは、ポートフォリオ・マネジメントをする上で、どのような種類の銘柄にＮＩＳＡ（成長投資枠）を当てはめるべきなのか、という点です。

たとえば、前項で私が示した、２０２３年3集夏号から選んだ9銘柄を事例にお話ししましょう。

この9銘柄のうちで、ＮＩＳＡ（成長投資枠）で私が買うべきだと思う銘柄はどれか。実はこの中では、１銘柄だけです。それは、７８２9サマンサタバサジャパンリミテッド、のみです。これは、なぜなのでしょう。

ＮＩＳＡ（成長投資枠）の制度は、整理して言うとこういうことになります。

①値上がりした場合は、値上がり益の約20％の課税がゼロになる。

②値下がりした場合は、特典は一切なし。

つまり、この制度は、なるべく値下がりせず、株価が「爆上がり」する場合に効果が最大になる、という制度です。

そうなると、株価の下値余地が限定的で、反転して株価が上昇した場合に大きく値上がりする可能性があるタイプの銘柄でなければ使用価値がありません。そのような銘柄は、基本的に中小型のテンバガー系銘柄しかないわけです。

なお「テンバガー」というのは、将来株価が10倍になるような銘柄のことを指します。どのような銘柄がテンバガーになり得るかは、複眼経済塾で開催している「四季報10倍ワークショップ」でお伝えしていますが、ひとことで言うと、「中小型成長株」か、または「業績回復株」、のいずれかの中からテンバガーは出てきます。

先ほどお示しした、7829サマンサタバサジャパンリミテッドは、この2023年3集夏号が発売された6月当時、まさに業績回復の転換点にあり、株価も大底を付けていると考えられるタイミングでした。101ページのチャートと四季報誌面をご覧いただくとわかるとおり、この会社は長く業績も低迷し、倒産寸前のスレスレの状況を続けていました。四季報の前号では、依然として赤字が続く見通しでしたが、支援に入っていた大株主のコナカがさらに資金面でバックアップし、反転攻勢に出たことで業績が急速に回復、黒字転換予想にこの夏号で変わったのです。

この銘柄は、まだ現時点ではESG銘柄とは言えません。ただ、倒産寸前になりながら

図表3-6　サマンサタバサジャパンリミテッドの株価推移

（2020年1月3日～ 2023年6月30日 週足チャート）

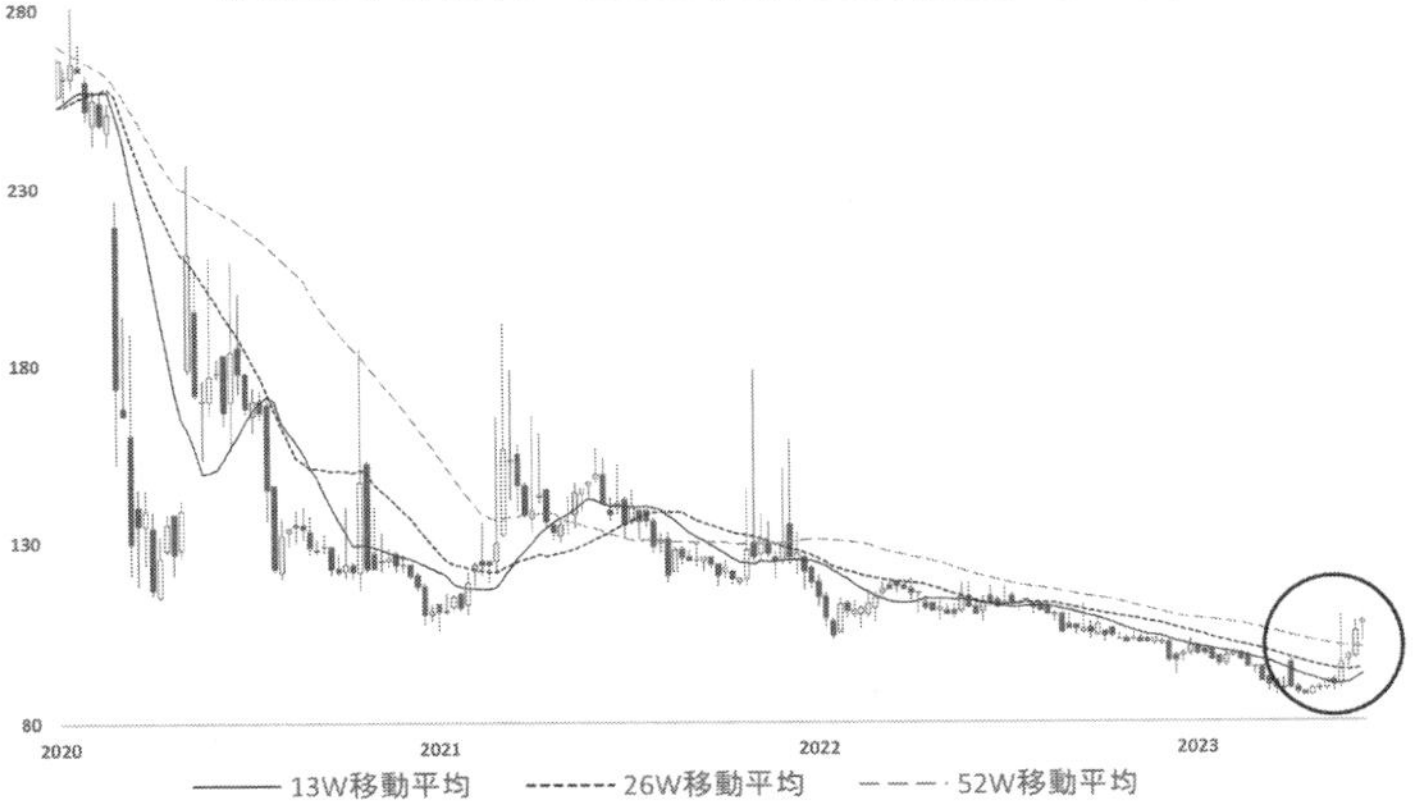

出所：筆者作成

図表3-7　サマンサタバサジャパンリミテッドの四季報誌面

【その他製品】

7829 (株) サマンサタバサジャパンリミテッド

【決算】2月　【設立】1994.3　【上場】2005.12

【特色】「サマンサタバサ」のバッグ。紳士服コナカが20年子会社化、セレクト業態「フィットハウス」も

【連結事業】バッグ60、ジュエリー9、アパレル22、他9 〈23・2〉

↑↑大幅増額

【浮上】新業態で出店約10見込むが、不採算店整理進め店舗数は純減公算(前期18減)。既存店は外出機会増加につれて回復基調。旧品在庫減り粗利改善。広告費抑制、赤字店撤退が効き営業黒字浮上。減損減る。

【資金調達】コナカに優先株発行、調達資金約16億円は借入金返済、出店費用等に充当。新業態のブランド横断店は出足好調で今期出店拡大へ。継続前提に疑義注記。

年月	【資本異動】	万株
14. 3	分1→100	3,529
20. 7	合併	6,585
23. 5	優18株(1億円)減資	6,585

東証Ⓖ	高値	安値
05~21	2380000(05)	105(21)
22	124(1)	93(12)
23.1~5	103(1)	87(4)

	高値	安値	出来万株
23. 3	99	88	113
4	97	87	155
#5	91	87	72

【外国人持株】±0.0pt(▲0.2pt)
前年 0.2%(3年前 0.4%)
【会社業績修正】上方0　下方2
経常益÷期初会社予想　▲6.1倍
【業種】衣料小売り
時価総額順位 23/37社
【比較会社】9990 サックスバーH, 9878 セキド, 3174 ハビネスD

【株式】%30　65,851千株
単位 100株　優待
時価総額 59.9億円
【財務】〈連23.2〉 百万円
総資産 16,354
自己資本 98
自己資本比率 0.6%
資本金 2,132
利益剰余金 ▲9,743
有利子負債 12,678
【指標等】〈連23.2〉
ROE ▲172%　予286%
ROA ▲12.2%　予1.7%
調整1株益 ―円
最高純益(15.2) 1,483
設備投資 419 予‥
減価償却 531 予‥
研究開発 ‥ 予‥
【キャッシュフロー】百万円
営業CF ▲379(▲1,476)
投資CF 841(▲55)
財務CF ▲1,566(2,080)
現金同等物 1,988(3,061)

【株主】㊥17,443名〈23.2〉 万株

コナカ	3,891(59.0)
寺田和正	1,104(16.7)
清水優	59(0.8)
楽天証券	42(0.6)
平野秀和	31(0.4)
酒井孝敏	26(0.4)
河原塚隆史	23(0.3)
常盤静朗	20(0.3)
金室貴久	18(0.2)
(有)梅林堂	14(0.2)

〈外国〉0.2%　〈浮動株〉‥%
〈投信〉‥%　〈特定株〉79.4%

【役員】(社)米田幸正 (副社)世永亜実 湖中謙介 守屋宏一* 伊串久美子* (常監)佐伯章二* (監)野本昌城* 大橋一生*

【連結】バーンデストローズジャパンリミテッド

【業績】(百万円)	売上高	営業利益	経常利益	純利益	1株益(円)	1株配(円)
連19. 2	27,744	664	619	▲1,337	▲37.9	10
連20. 2	23,550	▲1,184	▲1,225	▲2,384	▲67.6	0
連21. 2	22,594	▲3,521	▲3,599	▲10,049	▲186.2	0
連22. 2	25,366	▲2,755	▲2,495	▲4,152	▲63.1	0
連23. 2	25,241	▲1,717	▲1,548	▲1,996	▲30.3	0
連24. 2予	26,900	560	490	280	4.3	0
連25. 2予	28,000	700	630	360	5.5	0
連22.3~8	12,279	▲1,080	▲896	▲998	▲15.2	0
連23.3~8予	13,500	▲80	▲120	▲230	▲3.5	0
会24. 2予	26,872	558	490	283	(23.4.14発表)	

【配当】	配当金(円)
18. 2	5
19. 2	10
20. 2	0
21. 2	0
22. 2	0
23. 2	0
24. 2予	0

予想配当利回り ―%
1株純資産(円)〈連23. 2〉 1.5 (33.9)

【本社】108-0073東京都港区三田1-4-1
☎03-6400-5524
【店舗】関東83, 関西43, 中部36, 九州15, 北海道7, 東北6, 北陸2, 中国・四国6, 沖縄2 計200
【従業員】〈23.2〉連1,851名 単1,027名(32.1歳)年353万円
【証券】上東京Ⓖ 幹野村 名三井住友信 監アリア
【銀行】三井住友, みずほ, 三菱U, 三井住友信, 横浜, りそな
【仕入先】ラメール松原
【販売先】―

2023年3集　https://www.samantha.co.jp/

も、福島大学と組んで被災地のお米プロジェクトを継続したり、ゴルフチャリティを継続したりと、自分たちができる範囲で社会貢献を地道に続けてきた、人間力を感じる会社です。今後の発展次第では、特に女性活躍の分野でのＥＳＧレベルが上がるポテンシャルは感じます。

なお、チャート的にも、いわゆるグランビルの第一法則（株価が底打ちをして反転するテクニカルサイン）をこの２０２３年６月時点で示しており、株価が上昇気流に乗る可能性を示していました。

このような悪材料が出尽くして業績が回復基調に入りながら、株価が反転してくるようなタイプのテンバガー候補銘柄には、ＮＩＳＡ（成長投資枠）はとてもフィットする制度です。逆に言うと、それ以外の銘柄はＮＩＳＡの枠を使うとかえって損益通算ができない（値下がりした場合は特典がない）という観点からデメリットのほうが大きくなるリスクがあり、あまり使う必要はありません。

このように、セルフＥＳＧ投資を行うにあたっては、ＮＩＳＡ（成長投資枠）も上手に絡めて使うと、投資の成果はより上がりやすくなると思います。

リスクモードと注意すべきこと

複眼経済塾の塾生から、よく信用取引について質問を受けます。私は基本的には投資経験がそれなりにある人でなければ信用取引には手を出すべきではない、と答えていますが、しかし初心者を含めかなり多くの人たちが、それでも信用取引をやってみたい、と思っているようです。

信用取引というのは、証券会社から資金を借りて株式等の売買ができる制度で、レバレッジ取引と言われたりします。お金を借りる訳ですから、自分が持っている予算以上の取引が簡単にできます。特にネット証券会社の収益の柱は、この信用取引による手数料で支えられているため、証券会社側も盛んに信用取引を薦めます。

書店に行くと、「億り人」や「ＦＩＲＥ」といった派手なタイトルの投資本が目立ちますが、元手が乏しい一般人がこれらを実現するには、信用取引を活用しなければならないケースが多いと思います。そのような背景もあって、私の周囲の塾生も「やってみたい」と興味が尽きないのでしょう。

ここまで、運用のバランスを考える上では、家を建てるイメージで基礎・土台をしっかり固め、台風にも地震にも負けない堅牢な形をつくるようお伝えしてきました。堅実に投資を進めていくことが基本的には賢明だと思います。ただ、確かにこのスタイルでは、コツコツと育てていくことはできますが、一気に大きなリターンを求めることはできません。リスクを取ってでも勝負してみたい、と考えるのであれば、家から飛び出て狩りに出る必要もあるでしょう。

安定するバランスというのは、ピラミッドの形のとおり下を大きく上を小さくするわけですが、勝負に出るときはこの形が大きく変わります。「駒（コマ）」をイメージすると良いと思いますが、駒はピラミッドを逆さにした形をしており、上が大きくなっていて下にいくほど小さくなり、地面との接点はもはや点です。このような形状にすることで、駒は大きな遠心力というエネルギーを生み出し、非常に勢いよく廻ることができるのです。

信用取引を使うということは、この「駒の状態」をつくることに他なりません。上手に廻せば、とてつもないパワーと結果をもたらす可能性があります。

ただし、駒には致命的な弱点があります。それは、駒を廻す地面が平らでなければならない、という前提条件があることです。地面にデコボコがなく、非常に綺麗な状態でなければ、駒は廻りません。これは投資でいうと、社会情勢や市場環境の方向性が安定しており、ある程度先行きの安定成長が見通せている状況が必須です。いわゆる「順張り」の環境が望ましいでしょう。しかし、これが荒れた状態になると途端に駒はバランスを崩し、大事故になりかねません。

そこで、もし信用取引を使うのなら、この意識だけは忘れないようにして欲しい、ということが2つあります。

①信用取引を使っている間は、駒を廻している「リスクモード」だという自覚を絶対に忘れないこと。

②この「リスクモード」期間中は、駒が廻せる環境でなければならず、もし周囲の環境に何か少しでも変化があれば即断即決で迷わず撤退すること。

つまり、信用取引を使っているときは、もし何かちょっとでも社会情勢や市場環境、あるいは個別銘柄の状況に異変があったときは、いかに目先で損失が出ていようとも、信用のポジションを即座にたたむ覚悟を決めておいて欲しいのです。

株式を「現物」で持っている場合は、売り時を逃して「塩漬け」にすることもあると思います。しかし、信用取引では「塩漬け」をしてはいけません。リスクを取って勝負に出ているわけですから、仮に売り時を逃しても深追いをしてはいけません。たまたま、その回の勝負に負けただけなので、次の回に勝てばいいと割り切って塩漬けせずに即座に撤退しなければなりません。逃げるが勝ち、ではありませんが、ちょっと臆病なくらいが丁度よいのです。

ところが、この判断が、とにかく難しいのです。慣れている人でも、つい直前まで値上がりしていたものが何かの拍子に急落した場合、「数日前に売っておけば、もっと儲かったのに」、と、どうしても悔しくなってしまうのです。そうすると、「ひょっとするともう少し待てば、あの値段にまた戻って来るのではないか」、と妄想が始まります。勿論、値が戻って来ることが無いわけではありません。しかし、その戻りを、「信用取引」では期待して待つべきではありません。なぜなら、ただでさえ借入金を使って、駒の状態で過度にリスクを取っているわけですから、下手をして戻らずにそのまま下落し続ければとてつもない痛手を被ることになります。

したがって、しつこいようですが「信用取引」をしているときは、今自分は大きなリスクをとって駒を廻していることを絶対に忘れないようにして、もし何か世の中や投資先企業に変化の兆しがあれば、即断即決でポジションをたたむこと（信用取引で仕込んだ株式を手放すこと）を肝に銘じておいて欲しいのです。

望ましいバランスは、生活状況によっても変わる

自分は、どのような比率で資産構成（アセット・アロケーション）を考えれば良いでしょうか、という質問も良く貰います。これには、「決まった比率はありません。各々の置かれた状況によって、千差万別です。」と答えています。

不親切な答えに感じるかもしれませんが、これ以外に答えようがないのです。というのも、年齢、家族構成、収入、今後の人生設計など、各々が置かれた状況によって必要となる資産構成のあるべき姿が、全く異なるからです。

ただ、誰でも共通していることは、まずご自身の資金と資産の性格を「無くなると生活に影響がある資金・資産」と、「無くなっても生活が困らない資金・資産」とに、くっきり区分けしなければならない、ということは言えます。

まず、「無くなると生活に影響がある資金・資産」は、いったいどれなのか、を自らしっかり自覚しておかなければなりません。たとえば、自宅不動産は無くなると生活が困り

ますが、別荘は無くても良いわけです。あるいは持ち家が無い人にとっては、自宅の家賃を払い続けられなければいけません。同様に、生活費のうち、食費は欠かせませんが、夏休みの旅行代は、無いと残念ですが無くても困りません。

この内容は、現在のご自身の家庭状況も大きく影響します。既婚で小さな子供がいる世帯にとっては、将来の教育費などが必要ですし、あるいは、親が要介護となっている人にとっては、自分たちの生活資金に加え介護資金も必要でしょう。

これらの「無くなると生活に影響がある資金・資産」は、まさに基礎・土台にあたる部分です。なるべく保守的に、安全に運用することを意識しなければなりません。

そして、その資金・資産からはみ出た部分が、「無くなっても生活が困らない資金・資産」になるわけです。

したがって、もし同じ5000万円の資産を持っている人でも、「無くなると生活に影響がある資金・資産」が、所有資産の9割にあたる4500万円を占めている方にとっては、リスクを取れる投資予算は全体の1割の500万円の範囲で行うべきです。

一方、5000万円のうち「生活に影響がある資金・資産」が2500万円の人にとっては、リスクを取れる予算は2500万円ということになるでしょう。

この線引きを、しっかり予め計算しておくことが極めて大事です。私が見てきた失敗事例で最も悲惨だったのは、長年一流企業でお勤めだった方が、ようやく手にした退職金3000万円を全額株式投資に突っ込み、同時に信用取引にも手を出した結果、たった6カ月でその退職金をほぼゼロにしてしまった例です。その状態で、私の所に相談に来られたのですが、そうなってからでは、もはや手の打ちようがありません。

この方は、少なくとも奥様との老後資金が必要だったはずです。仮に、投資する前にその計算ができていれば、たとえば2000万円を生活に必須な資金として、金や変動利付国債で基礎・土台を形成し、500万円をNISAを使ってインデックス投資信託を買って家の本体を構え、最後に残りの500万円でリスクテイクして株式投資を行っても、十分期待するリターンは得られたのではないかと思うのです。

ぜひ、皆さんも投資を始める前に、足元の生活環境を今一度よく見直して、賢明でバランスの良いアセット・アロケーションを行ってほしいと思います。

第4章

セルフＥＳＧを成功させる野球の監督型マネジメント

木を見て森を見ず

セルフESG投資を行うにあたり、2つの視点でバランスを取り、全体を俯瞰してアセット・アロケーションとポートフォリオを組むことをお伝えしてきました。この章では、その組んだポートフォリオを、どのように運用していくか、いわゆるポートフォリオ・マネジメントについてお話ししたいと思います。

個人投資家が、自分でポートフォリオ・マネジメントを行うときに陥りやすい罠は、個別銘柄に意識がとられすぎて全体を見失うことです。第3章でも触れましたが、「木を見て森を見ず」という状態では、判断ミスをする恐れが高いのです。

塾生から、「運用成績が悪くて困っている」と相談されることがあります。そういう人ほど、実はポートフォリオ全体の成績は意外と悪くないことがあります。ある方は、3年前に投資予算3000万円で開始して、足元の資産総額は3800万円と増加しているにもかかわらず、浮かない顔をしているのです。

これには、いくつかの原因が考えられますが、よくありがちなミスは、いま保有してい

図表4-1　ポートフォリオの証券会社画面の見え方の例

（単位：円）

		投資時点	現時点時価	騰落	含み損益
1	A社	3,000,000	2,850,000	▲5.0%	▲150,000
2	B社	3,000,000	2,700,000	▲10.0%	▲300,000
3	C社	3,000,000	2,550,000	▲15.0%	▲450,000
4	D社	3,000,000	3,022,000	0.7%	22,000
5	E社	3,000,000	3,080,000	2.7%	80,000
6	F社	3,000,000	3,090,000	3.0%	90,000
7	G社	3,000,000	3,290,000	9.7%	290,000
8	H社	3,000,000	3,060,000	2.0%	60,000
9	I社	3,000,000	3,053,000	1.8%	53,000
10	J社	3,000,000	3,245,000	8.2%	245,000
合計		30,000,000	29,940,000	▲0.2%	▲60,000

ココにどうしても目が行きがちになる。損失額▲90万円が印象に残ってしまう。

大事なのはポートフォリオ全体の状況。全体では▲0.2%と損失はほぼ無い。

どうしても、個別銘柄の騰落・損益に意識が行きやすい。実際に見なければならないのは、全体の合計の欄。しかし、画面の構成上も合計欄は目立たない。これは証券会社の画面構成にも問題がある。

るポートフォリオの「損失の部分」しか見ていないケースです。

仮に3000万円で10銘柄に均等に投資していたとします（図表4－1）。A社はマイナス5％で含み損が▲15万円、B社はマイナス10％で含み損が▲30万円、C社はマイナス15％で含み損が▲45万円です。この3社で損失額は▲90万円。ここだけ見ると、ぎょっとしてゲンナリしてしまうのです。

ところが、よく見ると他の7銘柄はすべてプラスです。平均して7銘柄の含み益はプラス4％です。パーセントで見ると地味ですが、7銘柄の含み益合計はプラス84万円です。そうすると、ポートフォリオ全体の含み損は差し引きで、▲6万円と僅かです。

それでも、人間の本能的なクセというのは怖いもので、損失の3銘柄の印象が強すぎて、「この3銘柄だけで90万円も損している」というイメージに支配されてしまうのです。実は、それまでの3年間で、3000万円が3800万円に増えているのにもかかわらず、しかも、いま足元のポートフォリオも全体での損失額は▲6万円と僅かであるにもかかわらず、出来の悪い3銘柄のことだけにこだわってしまう。これでは、正常な判断はできそうにありませんし、そもそも投資が楽しくなるはずがありません。

この問題を考えるとき、第3章でも触れたとおり、私はプロ野球の監督型のマネジメントが望ましいと思っています。資産運用は、常にポートフォリオ全体で考えることが大事です。つまり個々の銘柄の成績ではなく、チーム全体の成績で考える。調子の悪い3銘柄に焦点を当てるのではなく、チーム全体で勝っているのか負けているのか、が何よりも大事。これはプロ野球の監督がチーム運営を考えるときと似ていると思うのです。

プロ野球の監督は、チームが勝つことが使命であり目標です。また、与えられたチームの選手は、人数の制約もあり、また予算の制約もあります。限られた中で、誰を使い、誰を切り捨てるか、という判断も任されています。また、多少調子が悪い選手がいても、たとえば二軍で鍛えるなどして長期に育てる、というようなことも考えなければなりません。つまり、投資におけるポートフォリオを「チーム」、その構成銘柄を「選手」に見立てて、自分がそのチームの「監督」として勝負するのです。

たとえば、今日の試合の出場選手を考えるとしましょう。一般に1番バッターは駿足で出塁率の高い選手、4番バッターは長打が打てる選手などといわれます。ピッチャーも先発は誰にして、中継ぎは誰にするかなど、選手の特性や仕上がり具合に合わせて考えていきます。さらには控え選手のベンチメンバーも、規定で25名しか入れられませんから、誰かを入れれば、誰かが外れることになります。ポートフォリオも同じです。バランスの良いチームを組むことがまずは重要です。

ところが、いざシーズンが始まり試合をしていくと、調子のよい選手とそうではない選手が出てきます。中にはケガをする選手も出てくるでしょう。このときに、監督は選手の入れ替えの判断を余儀なくされます。その際、先述のように「調子の悪い選手だけを見つめてしまう」と、判断を大きく間違える場合があります。仮に調子が悪い選手がいたとしても、チーム自体は勝っているようなときは、あえてその選手を変えないほうが良い結果をもたらす場合もあるのです。

その意味で私が名采配と思ったのが、2023年のWBC（ワールド・ベースボール・クラシック）の栗山監督の采配です。日本が優勝したこの大会で、栗山監督は当初、前年に三冠王に輝いたヤクルトの村上宗隆選手を4番バッターに据えました。ところが村上選手は絶不調に陥り、大会が始まると全く打つことができませんでした。打率も1割を切ったのです。株でいえば下がりつづける銘柄のようなものです。

ここで栗山監督がすごかったのは、それでも村上選手を使いつづけたことです。打順を4番から5番にするといった変更はありましたが、出場選手から外すことはしませんでした。村上選手は不調でしたが、チーム全体としては危なげなく勝利を重ねていたのです。栗山監督の目には、村上選手の調子の悪さは一過性だという確信があったといいます。

結果として村上選手は、アメリカで行われた準決勝のメキシコ戦、9回裏に逆転サヨナラ2塁打を打ち勝利の立役者になりました。さらにアメリカとの決勝戦でも、2回表に1点を取られた直後にソロホームランを打ち、優勝へのきっかけを作りました。村上選手が本来秘めているポテンシャルを信じて使いつづけ、これが準決勝以降の大活躍につながったのです。

ただ、栗山監督は誰でもかれでも無条件にダメな選手を温存したか、というとそうではありません。たとえばケガをしたシカゴ・カブスの鈴木誠也選手や広島の栗林良吏投手については、元々は有力選手であってもケガの具合を見てプレーができないと判断し、即座にチームから外したのです。これはポートフォリオ・マネジメントでいえば、たとえば業績が急転して悪化し、その原因が致命的な場合、その銘柄は迷わず売却してポートフォリオから外す、という判断と同じことです。

このように、栗山監督になったつもりで自分のチームを作り、育て、時に選手を入れ替え、チームでの勝敗にこだわって采配していくことで、楽しくセルフＥＳＧ投資ができるようになると思います。

投資の場合、ワンシーズンを3カ月としてみる

ＷＢＣはトーナメント方式の大会でしたが、日本のプロ野球のワンシーズンは、３月末から10月までの約７カ月間で全１４３試合を総当たりで戦います。監督は、そのシーズン１年間をどのように戦っていくのか、基本的にはシーズン単位で戦略を立てていきます。

場合によっては、シーズンが終わって次のシーズンに入るときに、大幅に選手構成を変えることもあります。常にどのメンバーとどのような戦略で戦うのが最もよいのか、腐心

しているのです。

セルフESG投資を行う場合、私はワンシーズンを3カ月で区切ることを薦めています。これは、ちょうど『会社四季報』が発行されるタイミングであり、また四半期決算のサイクルでもあります。3カ月がプロ野球で言うところのワンシーズンだと考えれば、そのシーズンが終われば一旦すべてをリセットして、次のシーズンはどの選手とどのような戦術で戦うか、考え直すのです。

この手法を「3カ月サイクル法」と私は呼んでいますが、個人投資家がリスクを最小化しながら、その時々の社会情勢も見方につけつつ安定的に投資できる画期的な方法ではないかと思っています。

この方法の特徴は、3カ月ごとにポートフォリオをリセットして、白紙の状態から再考を繰り返します。『会社四季報』が発行される3月・6月・9月・12月の中旬に、概ね20〜25銘柄前後でポートフォリオを組みなおします。基本は、最新の『会社四季報』を先入観無く読み、その号で光る銘柄を選び抜いてポートフォリオを構築します。その結果、ポートフォリオの構成銘柄は、前のシーズンから引き継がれるものもあれば、全く新しく入れ替わるものもあります。

一見すると、3カ月間の超短期投資をしているのではないか、と思われがちですが、結果的には逆です。3カ月ごとに、すべての銘柄を再分析して、新鮮な気持ちで判断を洗い替えているといったほうが的確で、再分析の結果、前のシーズンから引き続き投資を継続すると判断されるものも多々あります。それが続けば、最終的に中長期に保有することとなる銘柄もあるわけです。

ただ、経験的に言うと、シーズンをまたいで継続される銘柄は多くて5〜6銘柄程度となることが多いと思います。常に、ベストの25選手で戦いたいわけですから、そのシーズンを最も強く戦えるメンバーは、必ずしも前のシーズンと同じ顔触れとは限りません。

この「3カ月サイクル法」の最大のメリットは、「塩漬け」が絶対に起こらないことです。調子を崩している選手（銘柄）は、厳しいようですが「クビ」もしくは「二軍」に落ちていただく他ありません。この決断も、プロ野球監督になったつもりになれば、意外と素直に決断できます。「悪いけど、二軍で頑張ってまた次のシーズンには戻って来いよ」と心の中で思いながら、すっきり売却しやすいのです。

『会社四季報』を読破した直後は、気になる銘柄は私の場合40前後になることが多いです。ところが、選べるベンチメンバーは25人です。勿論、本当に野球をやっているわけではありませんから、40でも50でも銘柄は買えてしまうわけですが、あまり銘柄数が多すぎても管理が難しくなるうえ、売買手数料も割高になる傾向にあります。よって、適正な銘柄数は25前後に絞るのが良いと思います。

さて、私は当初選んだ40銘柄を一旦買っておいて約半月の間、株価の動向を様子見するようにしています。あえて野球に例えれば、シーズン前の春季キャンプのようなものです。選手の最終選考タイミングを四季報発売月の月末と予め決めておき、半月の調子を見て最終的にポートフォリオに残す銘柄を決めるのです。というのも、仮に四季報誌面上で魅力的な銘柄であっても、たまたまそのタイミングの市場環境に照らすと、株価が相対的にあまり強くない場合があります。これは、野球でいえば本来は力があるものの、そのシーズンは何かスランプになっているようなイメージです。そうなると、その銘柄は今回のシーズンでは結果を出せない可能性もありますから、その辺りを半月で見極めて絞り込んでいくのです。

そうして月末までに最終のチームメンバーを決め、25銘柄に絞り込んで新しいシーズンの勝負に入っていきます。そして次の『会社四季報』が出るまでの3カ月間、チーム全体の騰落を意識してウォッチしていきます。野球のように、毎日が試合のようなものです。

ただ、その日の試合に勝ったのか負けたのかは、あくまでチーム全体の合計の騰落で見ます。ポートフォリオ全体が、少しでも前日比でプラスならその日の試合は勝ちですし、マイナスなら負けですが、それで一喜一憂しません。野球も、勝つ日もあれば負ける日もあります。3カ月ですから、試合数は90試合あるようなものです。監督がいちいち1試合ごとに右往左往してはいけません。ただ、その日は誰がヒットを打ったのか、誰が三振したのかは見てみましょう。意外な選手が活躍するケースもあり、そのような視点で見ると楽しさが増えると思います。

中には、急に調子を崩す選手も出てきます。その理由は、一応調べておきましょう。もし万が一ケガをしているようなら、即座にメンバーから外します。たとえば業績の下方修正等で、もしその内容が致命的な修正であればケガと見なしてよいでしょう。ただ、仮に下方修正であっても、一過性であったり軽いケガであれば、少し様子を見るという判断も大切です。WBCの村上選手のようなこともありうるからです。

セルフESG投資は「駅伝」と考える

3カ月ごとにリセットしてチームを見直すというのは、ESGが本来唱える「中長期投資」とは言えないのではないか、という指摘をされることがあります。もし、これがプロのファンドであれば、確かにもっと長く保有するべきかもしれません。しかし、セルフESG投資は、あくまで個人投資の世界です。

プロのファンドの資金は、運用のためだけに集められたもので、むしろ「運用しなければならない」資金です。ところが、個人投資家の資金は、第3章でもお伝えしてきたとおり「生活と密着した資金」です。生活環境も、ある日とつぜん激変することもあり得ます。そのときは投資を中止し、生活に必要な資金を取り崩さなければなりません。いつでも、十分フレキシブルに対応できる状況をつくるのは当たり前のことです。

これを考えると、個人投資家の場合は特に「流動性」が高く、いつでも換金できる環境を整えながら投資をしていく必要があります。もちろん、個人投資家でも資金が有り余っていて生活に影響を与えない資金が膨大にある人は、プロのファンドよろしく大量かつ超長期に保有しても何ら問題はないでしょう。でも多くの個人投資家はそうではありません。

では、そのような「流動性」に関する制約がある中で、それでも投資を通じて社会課題を解決するために企業を応援するにはどうしたらいいでしょう。私は、その答えは3カ月ごとに売買する「3カ月サイクル法」を駅伝に見立てて考えることだと思っています。

プロのファンドは一人でマラソンを走れるのですが、個人投資家は一人で長距離を走りきれません。したがって、みんなでタスキを託しながら、自分が走れる範囲で担当の区間（3カ月）を精一杯走ればよい。そして次の区間は次のランナーに任せればよい。そうやって、長い距離を分担して協力しながら走っていくのが、個人投資家が長期に企業を応援する唯一の方法ではないかと考えています。

実際、購入した株は、売却すれば必ず次の誰かに購入されて名義が変わっていきます。市場での売買ですから相手の顔は見えませんが、確かに次にこの会社を応援したい人に渡っていることに違いはありません。勿論、その応援の考え方は自分と次の人とでは異なるでしょう。ただ、想いは多少違えども、資金を継続して投資していることに変わりはありません。たまたま、あるシーズンにおいて自分が投資したわけですが、それを次のシーズンに誰かにバトンタッチしただけであって、投資資金が会社から引き揚げられた訳ではないのです。

むしろ、仮にたった3カ月でも、自分の大切なお金をその会社に託したわけですから、全く投資していない人との差は、雲泥なのです。

株式会社とマンションは同じ

私は、株式会社の仕組みはマンションと同じだ、と特に初心者には伝えるようにしています。これは何を言っているのかというと、一つの所有権を分割して複数の人で共有している点で似ている、と考えているからです。

皆さんは戸建て住宅の権利証や登記簿謄本がどうなっているか、ご覧になったことはあるでしょうか。基本的には、戸建ての住宅の所有者は一人であることが多いです（勿論、夫婦共有などのケースもありますが）。本来、家の所有権というのは1対1であることが前提になっています。ところが、マンションの場合、建物が大きすぎる上に値段も高すぎて一人で丸ごと所有するのは困難です。そこで、これを部屋ごとに分けて所有することを不動産屋が考えついたのです。

したがって、マンションの登記簿謄本には自分の所有する部屋の面積が書かれているのと同時に、土地の所有権3000分の125、などと分数で表示されています。これは、マンションの住人全員で底地の所有権を「分割」して保有しているのです。こうすることで、1部屋ずつ買いやすい値段に抑えられるわけです。

株式も実は似たような発想でできています。元々は、株式は会社の所有権の権利証のような役割のものでした。これも戸建て住宅と同様に、本来は1対1の関係で所有権が成立するはずのものです。しかし、あるときから株式会社が巨大化してきたため、マンションと同様に分割して所有できるようにしたのです。それが、現在の株式の姿に発展してきたわけです。

したがって、株式会社への投資は、複数の投資家が分担して資金出資をすることを前提に設計されているのです。資産規模の大きい会社の株式を、小口に分割して1株あたりの単価を下げ、マンションのように複数の投資家が協力して会社を支えられるようにしているわけです。と同時に、「駅伝方式」で時間軸の上でも複数の投資家がバトンタッチをしながら協力して資金出資していきます。いわば、資金規模と時間軸の両面で、複数の人が協力することが株式会社への出資の基本なのです。そして、セルフESG投資は、その仕組みを最大限活かしているのです。

さて、株券には具体的に3つの権利がついてきます。

1つ目は株主総会で投票する権利（議決権）です。株券を持っている人には、その会社の株主総会で投票する権利が割り当てられます。株主総会は、会社の最高意思決定機関と言ってもよく、役員会よりも上の位置づけです。たとえば、役員は株主総会での投票によって決められます。任命も退任も、株主総会が決めるのです。

2つ目は財産の権利（残余財産分配請求権）です。会社は自社ビルを持っていたり、工場を持っていたりと様々な財産を持っていますが、これらの財産は誰のものかというと会社のものではありません。実は、株主のものなのです。株主には、持っている株数に応じて財産の権利が与えられています。ただし、これを「いますぐ自分に渡せ」、と株主は言える訳ではなく、会社を解散するときに渡してもらえることになっています。

そして3つ目が配当を受け取る権利（配当請求権）です。財産同様に、会社の利益は誰のものかというと、これも会社のものではなく株主のものなのです。株主が、配当としてもらうのか、あるいは内部留保といって会社に残して次の発展へむけて会社に使ってもらうのかは、株主総会の投票によって決定されるのです。

このように、会社の最高意思決定機関である株主総会へは、投資して株券を持っている人、すなわち株主しか出席できないようになっています。

株主総会への参加もセルフESG投資では重要

役員を決めるのも、会社の財産や利益も、法的にはすべて株主のものです。それほど、株主の権利は、法的に強固に設計されています。

しかし、法的に株主のものだからといって、なんでもかんでも株主の勝手にして良いでしょうか。会社というのは様々な利害関係者（これをステークホルダーといいます）が関係しており、会社は株主のためだけに存在するわけではありません。

たとえば、利益をすべて株主だけに還元してしまうと何が起こるでしょう。その結果、働く従業員の皆さんには十分な給与が払えなくなるかもしれません。あるいは、株主のために利益を追求しすぎるあまり、取引先へ無理な値下げを要求して不当な取引を推進することになるかもしれません。

私の知人で某大手自動車メーカーに勤める開発担当部長から聞いた実際の話を紹介します。彼の会社は、ベンチャースピリッツを未だに残す、世界に冠たる日本が誇る大手自動車メーカーです。彼に、貴方の会社は何を目指すのか、と聞くと「人が一人も死なない車をつくるのが我々の究極の目標だ」と即座に答えが返ってきます。その彼が、ある日こんな悩みを吐露しました。開発チームの考えでは、安全の観点からどう絞ってもこれ以上は部品を絞れないという設計図を役員会に提出したが、「株主の要求だから」と予算を絞って安全のための制御マイコン数をさらに半減させよ、と指令が出たというのです。

予算を絞られても、ぎりぎりのラインで安全性を犠牲にしない車を最終的にはつくってしまう彼らも凄いのですが、しかしこの株主の要求というのは、いったい何なんでしょうか。

株主が唯我独尊となり、自分の利益だけを追求すれば、世界は一体どうなってしまうのでしょう。

そこで、株主にも適正で常識的な行動が求められます。ところが、昨今は株主の権利を盾に過度な配当を要求したり、遊休財産の売却を迫るような「モノ言う株主」のファンドが海外から日本にも進出してきました。

勿論、モノを言うこと自体は何も悪いことではありません。むしろ、日本の株主はモノを言わなすぎる面があり、これはこれで問題です。また、モノを言うファンドの中でも常識的なファンドも最近は増えています。東証が、ＰＢＲ改革を謳うのも、常識的に見て会社側に怠慢があるのであれば是正せよ、という趣旨だと思います。

ただ、先ほどの自動車メーカーの例もそうですが、株主の利益のためだけに権利を乱用するのは、肝心の「世のため・人のため」が置き去りになっています。株主にも、然るべき哲学が求められる時代になっていると思います。

そこで、セルフＥＳＧ投資を推進する個人投資家には、ぜひ株主総会に積極的に参加してほしいのです。株主総会は、先ほどお伝えしたとおり会社の最高意思決定機関です。その場で、もし他の株主が妙な要求をするのなら、それを押し返して常識的な路線へと引き戻すのもまた、株主でなければできません。

日本では、非常識なモノ言う株主と対峙するのは、会社側の経営陣であるかのようなイメージを持たれていますが、本質的には彼らと戦えるのは、株主だけです。つまり、株主同士が多数決を争って戦わなければ、非常識な要求に対抗できないのです。

しかし、日本ではほとんどの株主は株主総会に出席しません。白紙委任がほとんどで、中小規模の上場企業では、出席株主数が2～3名という所もザラにあります。そんな具合ですから、対抗してくる株主がそもそもほとんどいないことが明らかなので、悪びれることもなく外国のモノ言う株主たちが楽々悠々と非常識な要求を通そうとしてくるのです。これでは、日本の企業が、その大切な魂を根底から彼らに浸食されてしまうでしょう。

だから、私は個人投資家の皆さんに是非サムライとして立ち上がっていただきたいのです。セルフESG投資を通じて、投資先企業の成長と共に応分のリターンと社会的課題の解決を期待すると同時に、その投資先企業を非常識な勢力から守り、世のため・人のため・ひいては自分のための世界観を投資先企業と一緒に持続させていく。これが、個人ESG投資家に求められる究極の姿だと思うのです。

第5章

『会社四季報』から組み立てるセルフESG投資

なぜ『会社四季報』を使うのか

前章までセルフESG投資を行う上で必要な考え方、失敗しないために知っておきたい心得などを紹介しました。本章では具体的に『会社四季報』を使ってセルフESG投資を行う方法をお伝えします。

そもそも、『会社四季報』とは何でしょう。日本の全上場企業を網羅的に取材した冊子で、年4回発行されます。この「全上場企業」というのがミソで、ある国の株式市場における「すべての」上場企業を同じスタイルで分析して一冊にまとめた書籍は、世界広しと言えども東洋経済新報社の『会社四季報』しか存在しません。しかも、その歴史が凄く、創刊は戦前の1936年と約90年前で、国内現存の定期刊行書籍ではJTB時刻表に次いで2番目の古さです。現在の発行部数は、毎号50万部を超えるといいます。

もはや、日本株投資のバイブルのような存在ですが、これだけ凄い『会社四季報』を上手く使いこなせれば、セルフESG投資を誰でも簡単に実践することができるようになるのです。

私たち複眼経済塾の講師陣は、『会社四季報』の新刊が出ると、暫く巣ごもりして約2000ページの読破に入ります。これは中々の修行で、塾生でも完全読破をする人はごく少数です。ただ、皆さんは必ずしも読破をする必要はありません。自分のできる限りで、興味のある範囲から少しずつ読んでいただければ十分です。

そこで、初心者の方が、それほど集中して読む時間が無い前提で、それでも『会社四季報』を上手に使いこなして、なるべく手間をかけずにセルフＥＳＧポートフォリオをつくっていくコツをお伝えしたいと思います。

まずは、自分の興味・関心のある社会課題を整理する

第2章でも触れたとおり、まず出発点は自分が興味・関心のある社会課題に対する「じぶん目標」は何かをしっかり自覚することが第一歩です。

皆さんにとって、自分の人生が幸せになるために必要なことは何でしょうか。これは、「本当は必要なのに、簡単に手に入らないもの」や、「現実的に困っていること」ということに置き換えて考えるとイメージしやすくなるかもしれません。

まず最も身近な課題から考え始めると、具体的にイメージが湧いてきます。ここでも、複眼経済流の「５ｗｈｙｓ」を使うと、より本質に近づきやすくなります。

例として、最近値上がりしている電力から考えてみましょう。

［課題］**電力が値上がりして困っている。**

（問１）なぜ、電力が値上がりするのか？

⬇ **インフレと円安の影響**で原油が高騰している。

（問２）なぜ、インフレや円安だと原油が高騰するのか？

⬇ 日本は**原油を輸入に頼っている**から。

（問３）なぜ、日本は原油を輸入に頼るのか？

⬇ **国内で原油を始め化石燃料が取れない**から。

（問４）なぜ、国内で化石燃料が取れないとダメなのか？　他に手段はないのか。

⬇ 化石燃料に代わる**国内生産可能な自立したエネルギー源があれば解決する。**

（問５）国内生産可能な自立したエネルギー源とはなにか？

➡ 再生可能エネルギー、風力、太陽光、地熱、原子力、核融合、アンモニア、次世代エネルギー、海洋資源、メタンハイドレート等

5回「なぜ」を繰り返して深堀りした結果、具体的なテーマが出てきました。これは、ご覧いただいたとおり、大上段に「脱炭素」から連想したわけではなく、身近に自分の生活面で出てきた「電力値上げは困る」という問題から連想して得た答えです。

このように身近な問題から連想を深めることが非常に重要です。なぜなら問題が身近ゆえに、何が課題なのかを自分自身がしっかり「理解」できているからです。これを下手に「脱炭素」などと自分がよくわかっていない方向から入ってしまうと、仮に結果として同じテーマに行き着いても一体何が課題なのか、どこがポイントなのかが自分で理解できておらず、結局投資の判断が怪しくなってしまうのです。

さて、連想を深めることで、テーマを抽出できればしめたものです。後は、このキーワードを土台に、検索をして関係しそうな銘柄を絞っていくことができます。そうすることで、『会社四季報』を読破しなくても目的とした銘柄を絞り込んで効率よく分析できるわけです。

テーマのキーワードを『会社四季報オンライン』で検索する

さて、キーワードを絞り込むことができたら、あとは検索をすればいいわけですが、紙の書籍では当然、検索ができません。昔は、CD—ROM版『会社四季報』というものがあり、検索機能がついていたのですが、いまは幸いこの機能がすべて『会社四季報オンライン』に引き継がれています。

『会社四季報オンライン』には、無料試用版の他、ベーシック版とプレミアム版があります。単純な検索などは無料試用版やベーシック版でも可能ですが、この後ご案内するセルフESG投資用の特殊なスクリーニングで使う算式は、プレミアム版限定の機能です。

さて、この『会社四季報オンライン』を使って、先ほどの「5whys」でたどり着いたキーワードが、四季報コメントの中でどの程度使われているか、検索してみましょう。

- 太陽光　115件
- 風力　38件

- アンモニア　20件
- 原子力　7件
- 再生可能エネルギー　4件
- 次世代エネルギー　4件
- 核融合　3件
- 地熱　2件
- 海洋資源　2件
- メタンハイドレート　0件

株式市場では、検索キーワードのヒット数が多いものは、「顕在テーマ」といって、ある程度市場でも既に注目されている「やや古いテーマ」ですが、ヒット数の少ないものは「潜在テーマ」といって、これから注目されてくるであろう「新しいテーマ」になります。

その観点から言うと、太陽光は115件と多く、既にある程度株価に織り込まれている可能性があります。他方、ヒット数が少ない、核融合、地熱、海洋資源などは将来的に注目されてくる新しいテーマでしょう。メタンハイドレートは0件ですから、まだ時期尚早かもしれません。そして、それらの間にある、風力、アンモニア、原子力、再生エネルギー、次世代エネルギーあたりが、太陽光を追いかける形で、丁度いま注目され始めているテーマかと思います。

テーマで絞ったら、ワンタッチで一気にふるいにかける

さらに、テーマでヒットした銘柄を絞り込んでいきましょう。前項のキーワードで合計195銘柄がピックアップされたわけですが、これを最終的に5～10銘柄に絞っていきます。

ただ、絞り込みを行うためには各銘柄の分析を行わなければなりません。そのような面倒な計算を195銘柄分も行う余裕は、おそらく読者の皆さんには無いことでしょう。でもご安心ください。実は、結果を「秒」で出せる、とっておきの方法があるのです。

それが、『会社四季報オンライン』の「スクリーニング機能」の活用です。このスクリーニング機能は優れもので、ユーザーがオリジナルに絞り込みの設定を行えます。これを、ご自身のセルフESG投資用にカスタマイズしてセットすれば、簡単に絞り込めるの

です。
私が重視している分析項目は6つあります。

①直近の業績で20％成長をしている期があるか？

前期・今期・来期の売上高および営業利益の成長度を分析します。複眼経済塾ではテンバガー候補を選定する場合に、売上高の増収率20％を一つの目安にしていますが、セルフＥＳＧ投資の場合は、直近2期のいずれかにおいて売上高または営業利益の伸びが一度でも20％を達成しているかどうかを目安にします。テンバガーよりは少しハードルが低くなりますが、依然として高い成長率のある銘柄にここで絞られます。

②営業利益率が20％を超えているか？

今期の営業利益率が20％を超えているかを目安にします。日本の全産業（金融を除く）の平均的な営業利益率は7・1％ですから、非常に高い水準をバーにしています。なお、①②の条件は、すべてを満たす必要はなく、いずれか一つを達成していれば一次的な絞り込みは合格、とします。つまり、たとえば売上高の成長度は20％に満たないが、営業利益率が20％超と稼ぐ力が高い場合は、合格としています。

③予想配当利回りを確認する

配当は、特に成長系企業についてはゼロという銘柄が大半です。そのため、この基準で足切りは行いません。ただ、配当は投資収益を安定させるうえで極めて有用であり、もし高い配当利回りが出せる銘柄は、むしろ積極的に注目したい所です。そこで、仮に①②において高い業績が確保できていない場合でも、高配当利回りの銘柄は敗者復活的にリストに入れていきます。なお、直近のプライム市場平均の配当利回りは2・3％であり、これを上回る配当利回りは十分合格と言えるでしょう。

④来期売上高および営業利益が尻上がりかどうかで足切りを行う

ここまでのステップで残った銘柄から、足切りを行っていきます。まず、先々の業績が頭打ちになっていては成長度は見込めません。そこで、来期の売上高または営業利益の伸びが鈍化している銘柄を足切りします。

⑤PEGレシオで足切りを行う

ＰＥＧレシオは、ＰＥＲの弱点を補完した指標で、1成長率当たりのＰＥＲを計算する指標です。低い数値ほど、株価は利益の成長度に比較して割安、と判断できます。通常、「複眼経済塾版」のＰＥＧレシオは成長率に営業増益率の2期平均を使いますが、

図表5-1　『会社四季報オンライン』スクリーニング機能の条件設定例

No	条件
1	売上高増減率(前期→今期予)(%)　(>= 20.00)
2	売上高増減率(今期予→来期予)(%)　(>= 20.00)
3	営業利益増減率(前期→今期予)(%)　(>= 20.00)
4	営業利益増減率(今期予→来期予)(%)　(>= 20.00)
5	売上高営業利益率(今期)(%)　(>= 20.00)
6	PEGレシオ(倍)　(<= 2.13)
7	配当利回り(来期)(%)　(>= 2.30)
8	☆PSR今期　(<= 4.00)
9	My_来期増収額±(億円)　(> 0.00)
10	My_来期営業増益額±(億円)　(> 0.00)
11	記事本文　(含む "太陽光")
12	記事本文　(含む "風力")
13	記事本文　(含む "アンモニア")
14	記事本文　(含む "原子力")
15	記事本文　(含む "再生可能エネルギー")
16	記事本文　(含む "次世代エネルギー")
17	記事本文　(含む "核融合")
18	記事本文　(含む "地熱")
19	記事本文　(含む "海洋資源")
20	記事本文　(含む "メタンハイドレート")

スクリーニング条件の組み合わせ

(1 OR 2 OR 3 OR 4 OR 5 OR 7) AND (6 AND 8 AND 9 AND 10) AND (11 OR 12 OR 13 OR 14 OR 15 OR 16 OR 17 OR 18 OR 19 OR 20)

『会社四季報オンライン』でスクリーニングしやすくするために、ここでは「東洋経済版」のＰＥＧレシオを使用します。東洋経済版ＰＥＧレシオは、成長率に売上高の増収率３期平均を使っています。東洋経済版ＰＥＧレシオの直近のプライム市場平均値は２・13倍／％（２０２３年7月17日現在）のため、これを足切りラインとして２・13より低い銘柄を合格とします。なお、ＰＥＧレシオは株価と共に日々変化しますので、都度プライム市場平均を計算する必要があります。

⑥ＰＳＲで足切りを行う

ＰＳＲは、時価総額が売上高の何倍となっているかを測る指標です。この数値が低いほうが売り上げ規模に比較して株価が割安に放置されている、と見ることができます。

複眼経済塾では、成長株を想定した場合ＰＳＲは4倍以下が妥当と考えており、セルフＥＳＧ投資においても4倍を足切りラインとして、これよりもＰＳＲが低い銘柄を合格とします。

この①〜⑥の項目を、冒頭のテーマで絞ってスクリーニングをすることで、ワンタッチで簡単に銘柄リストを作成することができます。

なお、実際に『会社四季報オンライン』のスクリーニング機能において、セルフＥＳＧ投資用にオリジナル条件を設定する方法を図表５−１にお示ししていますので、ぜひ参考にしていただけたらと思います。

コメントを読んで定性的にふるい分ける

図表5-2 スクリーニング機能により絞り込まれた銘柄(2023年7月24日時点)

	コード	銘柄名
1	5017	富士石油
2	3856	Ａｂａｌａｎｃｅ
3	9519	レノバ
4	5480	日本冶金工業
5	8918	ランド
6	6890	フェローテックＨＤ
7	8934	サンフロンティア不
8	3176	三洋貿易
9	6817	スミダコーポ
10	1718	美樹工業
11	6023	ダイハツディーゼル
12	5609	日本鋳造
13	3918	ＰＣＩＨＬＤ
14	6016	ジャパンエンジン
15	3458	シーアールイー
16	1893	五洋建設
17	1964	中外炉工業
18	6141	ＤＭＧ森精機
19	8007	高島
20	8439	東京センチュリー
21	8015	豊田通商
22	7539	アイナボＨＬＤ
23	7859	アルメディオ
24	3315	日本コークス工業
25	1789	ＥＴＳＨＬＤ
26	8070	東京産業
27	4026	神島化学工業
28	5631	日本製鋼所
29	6229	オーケーエム
30	6391	加地テック
31	7013	ＩＨＩ
32	3289	東急不動産ＨＬＤ
33	6486	イーグル工業
34	6778	アルチザネットＷ
35	6866	ＨＩＯＫＩ
36	1960	サンテック
37	7637	白銅
38	7705	ジーエルサイエンス
39	8137	サンワテクノス
40	6364	北越工業
41	9233	アジア航測
42	7172	ＪインベストＡ
43	1890	東洋建設
44	8074	ユアサ商事
45	1885	東亜建設工業
46	7894	丸東産業
47	6150	タケダ機械
48	8596	九州リースサービス
49	9768	いであ
50	7022	サノヤスＨＬＤ
51	3150	グリムス
52	2588	プレミアムウォタＨ
53	1952	新日本空調
54	1887	日本国土開発
55	7692	アースインフィニテ
56	1976	明星工業
57	1946	トーエネック
58	1967	ヤマト
59	8151	東陽テクニカ

出所:『会社四季報オンライン』スクリーニング結果より筆者作成

さて、前項のスクリーニングによって、全上場企業3899社を、テーマで絞って195社に絞り、さらにそれを業績等で足切りをした結果、59社のリストが出来上がりました（図表5－2）。

『会社四季報オンライン』の画面上では、このリストを一望できるようになっています。ヒットしたキーワードに色がついた状態でコメント欄が掲載されますので、それを上からざっと見て、まずはその内容から、落とすものと残すものとにふるい分けを行い10～20銘柄程度まで絞り込みます。スクリーニングはあくまで機械的に行っていますから、意図したものと違うものが混在していることもあり、それらを人の目を通して省いていきます。

以下、コメントからふるい分ける例を参考までにお示しします。

8918　ランド

【横ばい】不動産は下期偏重で物流施設向けなど開発進む。マンション用地販売も堅調。ただ好採算の**太陽光**発電所の共同開発反落し構成比大きく低下。保有土地の有効活用調査費なども負担。営業益は横ばい。

⬇　ランドは、「太陽光発電所の共同開発反落し構成比大きく低下」とあり、太陽光のキーワードでヒットしたが内容はネガティブなので、今回はリストから外す。

1964　中外炉工業

【脱炭素関連】水素バーナー商品拡充や火力発電アンモニア燃焼の商品化進め、26年度に現行比3倍超の40億円売上目標。熱処理炉の既存品も機能改善や市場開拓推進。

➡　中外炉工業は、火力発電でのアンモニア燃焼の商品化、とのことでまさに設定したテーマにぴったり合致しており、また売上も現行比3倍目標と鼻息が荒く興味深い。こちらはリストに残す。

このようにコメントを読んで内容を確認しながら絞り込むことで、最終選考に進む銘柄は10~15程度になっているはずです。ここまで来たらあと一歩です。最後は実際に四季報誌面を見て、最終選考を行っていきます。

最後に四季報誌面で個別にあらためて全体像をつかむ

『会社四季報』は、コンパクトな誌面の中にかなり多くの情報が詰まっています。既に、スクリーニングによってある程度基準値をクリアしている銘柄ですから、あとは誌面を見ながら改めて各基準点を再確認しつつ特色欄とコメントを良く読んで、最終判断に結び付けましょう。

特にセルフＥＳＧ投資においては、個別株を購入するわけですから、株価が適正株価よりも割安なのか、あるいは割高なのか、という点が極めて重要です。また、業績の成長性が一過性なのか、持続的なのか。特に、何らかの大きな変節点にあるときは、チャンスであることが多いです。

また、今回の本では細かく触れませんが、チャートの形状もタイミングを知る上では重要です。複雑なテクニカル指標を知る必要は全くありませんが、移動平均線を軸としたトレンドの転換点は見ておく必要はあるでしょう。

これらの事柄は、言葉で話していてもわかりにくいので、具体例に沿ったほうが実感が

図表5-3　時価総額の分類

分類	時価総額	例
超大型	1兆円以上	トヨタ、NTT、三菱UFJ、ソフトバンクなど
大型	5,000億円～1兆円	東京電力、マツダ、SBI、アシックスなど
中型	300億円～5,000億円	JR九州、カルビー、ツムラ、ワコールなど
小型	100億円～300億円	鳥貴族、モロゾフ、早稲アカ、ぐるなびなど
超小型	100億円以下	森下仁丹、タビオ、スペースシャワーなど

出所：2023年7月14日株価情報を基に筆者作成

沸きやすいと思います。

そこで、過去5冊分の『会社四季報』から当時私が実際選び出した「セルフＥＳＧ銘柄」を、その時々の四季報誌面を参考にしながら、どのような視点で分析を行ったのかをご紹介したいと思います。

ここでは誌面の関係もあるため、各号４社ずつ紹介します。実際ポートフォリオを組む場合は、前章までお話ししてきたとおり「バランス」が何よりも重要ですが、この章ではあえて中小型のＥＳＧ成長銘柄を中心にご紹介します。これは、より社会的インパクトを重視して、「じぶん目標」と一致するイメージを持っていただきたいという趣旨もあります。

各銘柄名の下には、時価総額分類（図表5−3）と時価総額金額、そして私の設定した「じぶん目標」に関する「テーマ」を記入しておきます。

（注：各分析は、該当の四季報発売日時点のもので、現時点のものではありません。また、各前期・今期・来期の表記は、その時点における前期・今期・来期であり、本日現在は既に過去の業績となっている点にご留意ください。その他、チャート等ふくめ、すべての内容はあくまで分析時点のものである点にご留意ください。また、あくまで私が分析した結果を参考としてお示ししているものであり、投資を推奨するものではないことを予めご留意ください。）

【2022年2集・春号　発行月：2022年3月】

4554　富士製薬工業

小型：時価総額251億円

テーマ：女性の活躍、健康と安全の確保

爆発的値上がりは期待できないが、女性の課題解決で頑張る会社

4554　富士製薬工業

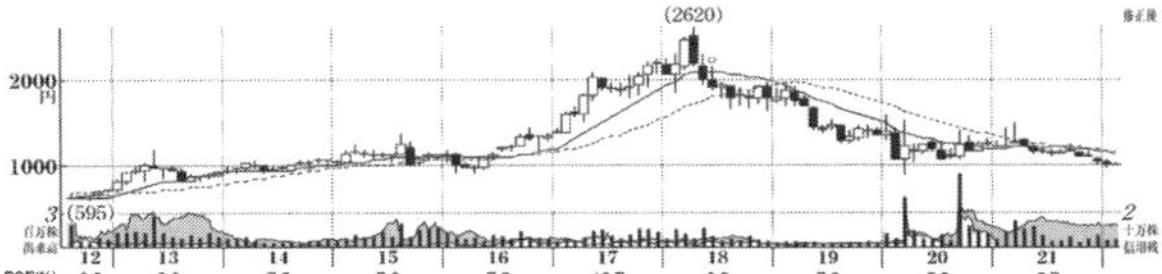

ROE(%)　6.3　8.6　7.3　7.3　7.3　10.7　9.9　7.9　5.3　6.7

株価指標
予想PER　(倍)
〈22.9〉　9.6
〈23.9〉　9.5
実績PER
高値平均　20.0
安値平均　12.6
PBR　0.73
株価(2/28)
1015円
最低購入額
10万1500円

【医薬品】

4554 富《ふ》士《じ》製《せい》薬《やく》工《こう》業《ぎょう》

【決算】9月【設立】1965.4【上場】1995.6

【特色】女性医療、急性期医療の2領域に強い後発薬メーカー。注射剤が主体。新薬・バイオ後続品も
【連結事業】診断用薬24、ホルモン剤35、代謝性医薬品4、循環器官用薬2、抗生物質・化学療法剤2、体外診断用医薬品1、他32〈21・9〉

【増　配】造影剤は薬価下げで苦戦。ただ柱のホルモン剤が経口避妊薬「ファボワール」中心に成長、更年期障害新薬「エフメノ」も上乗せ。国内外の製造受託堅調。上期かさむ研究開発費こなし営業益堅調。増配。
【承　継】武田子会社から葉酸注射液等4製品承継、女性医療領域で相乗効果狙う。副作用低減型の次世代月経困難症薬候補「FSN－013」は23年9月期国内申請予定。

➡前号並み

年月	【資本異動】	万株
14. 4	三者150万株(1794円)	1,562
18. 7	分1→2	3,125
21. 3	消却	2,475

東証	高値	安値
95~19	**5240**(18)	**280**(97)
20	1573(1)	872(3)
21	1479(3)	977(12)

	高値	安値	出来万株
21.12	**1085**	977	105
22. 1	1038	**969**	63
2	1031	978	77

【市場(予)】東京P
【時価総額増減】▲130億円(▲80億円)
【採用】初21.5万円
予未定　内定9(女6)　中途55

【業種】医薬品
時価総額順位 33／38社
【比較会社】4541 日医工, 4553 東和薬品, 4887 サワイGH

【株式】1/31　24,753千株
単位 100株　貸借
時価総額　251億円
【財務】〈連21.12〉百万円
総資産　64,047
自己資本　33,699
自己資本比率　52.6%
資本金　3,799
利益剰余金　25,382
有利子負債　15,013
【指標等】〈連21.9〉
ROE　6.7%　予7.6%
ROA　3.8%　予4.0%
調整1株益　―円
最高純益(18.9)　3,372
設備投資　3,392　予7,172
減価償却　1,828　予1,760
研究開発　2,446　予2,809
【キャッシュフロー】百万円
営業CF　5,993(　5,770)
投資CF　▲2,345(▲2,616)
財務CF　▲5,435(　450)
現金同等物　10,199(12,041)

【株主】単5,898名〈21.9〉万株
(有)ＦＪＰ　433(17.5)
今井博文　405(16.3)
日本マスター信託口　204(　8.2)
新井規子　124(　5.0)
ロータスジャパンホールディングス合同会社　121(　4.9)
日本カストディ信託口　95(　3.8)
今井道子　84(　3.4)
BBHフィデリティロープライスドストックF　63(　2.5)
日本カストディ信託口9　55(　2.2)
自社(自己株口)　43(　1.7)
〈外国〉14.1%　〈浮動株〉9.6%
〈投信〉6.1%　〈特定株〉66.1%
【役員】(会)今井博文 (社)岩井孝之 (副社)上出豊幸 (取)小沢伊弘* 平井敬二* 三宅峰三郎* R.ウェスマン* 木山啓子* 荒木由季子* (常監)井上誠一 (監)三村藤明* 相良美織*
【連結】OLIC(Thailand)

【業績】(百万円)	売上高	営業利益	経常利益	純利益	1株益(円)	1株配(円)
連19. 9	36,279	4,173	4,169	2,962	97.0	29
連20. 9	33,793	3,139	2,983	2,085	66.9	29
連21. 9	33,990	3,349	3,250	2,432	90.5	29
連22. 9予	35,900	3,490	3,540	2,560	105.4	32
連23. 9予	37,000	3,700	3,750	2,600	107.0	32
連20.10~3	17,277	2,686	2,738	2,021	68.6	14
連21.10~3予	17,400	1,640	1,660	1,210	49.8	15
連20.10~12	9,295	1,698	1,732	1,328	42.6	
連21.10~12	9,446	1,562	1,581	1,118	46.1	
会22. 9予	35,966	3,490	3,540	2,562	(21.11.5発表)	

【配当】	配当金(円)
19. 9	15
20. 3	14
20. 9	15
21. 3	14
21. 9	15
22. 3予	15
22. 9予	17
予想配当利回り	3.15%
1株純資産(円)〈連21.12〉	
1,387	(1,346)

【本社】102-0075東京都千代田区三番町5-7 精糖会館　☎03-3556-3344
【支店】北海道・東北, 関東第一, 関東第二, 東海北陸, 関西, 中四国, 九州
【工場】富山【研究開発センター】富山
【従業員】〈21.12〉連1,532名 単792名(42.4歳)年598万円
【証券】上東京 幹(主)野村(副)いちよし, 日興 名三井住友信 監あずさ
【銀行】三井住友, みずほ, 三菱U, 北陸
【仕入先】三井物産, 長瀬産業
【販売先】メディセオ

2022年2集　https://www.fujipharma.jp/

［特色］欄で最初に出てくる「女性医療」という言葉が、まず目を惹きました。コメント欄を見ると「経口避妊薬『ファボワール』中心に成長、更年期障害新薬『エフメノ』も上乗せ」とあります。ここだけを見ても、この会社が女性医療に特化していることがわかります。

さらにコメント欄の後半では「武田子会社から葉酸注射液など4製品承継、女性医療領域で相乗効果狙う」「次世代月経困難症薬候補『ＦＳＮ－０１３』は23年9月期国内申請予定」と

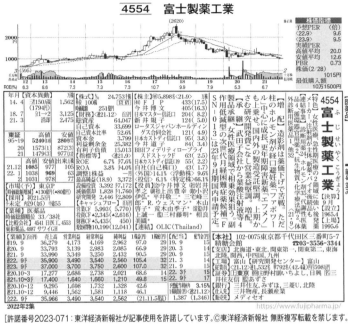

書かれています。

私は女性の月経困難症について詳しいわけではありませんが、テレビなどから女性ならではの大変さがあることは感じています。職場で大変つらい思いをしている女性がいるとも聞きます。

そうしたつらさが改善されれば、女性自身が助かるうえ、会社や社会全体のためにもなります。月経などでイライラするお母さんや奥さんがいれば、家族にとってもストレスでしょう。そうした問題がなくなれば家庭内も平和になるかもしれません。

そんな光景を思い浮かべつつ、［株式］欄を確認します。時価総額は２５１億円とあります。証券会社が販売するＥＳＧファンドに入っている会社は、時価総額が１兆円、２兆円といったところが多く、時価総額２５０億円の会社が、通常ＥＳＧファンドに組み込まれることはまずありません。

［株主］欄を見ると、最初に出てくるのがＦＪＰで比率は17・５％、次に出てくるのが今井博文氏で比率は16・３％です。

株主欄の下にある［役員］欄を見ると、今井氏は会長であるとわかります。つまりこの会社はオーナー系企業です。オーナー系企業は大企業では少ないですが、この規模でオーナー系企業は、オーナーが大きな力を持つケースが多いです。決断スピードも速く、今後成長する余地があると思います。

［財務］欄を見ると自己資本比率が52・6％です。つまり総資本のうち自己資本の割合が半数以上を占めていて、財務状況も安定していることがわかります。

また［業績］欄の売上高を見ると、終了したばかりの前期21年9月期が339億円だったのに対し、今期22年9月期の着地予想は359億円、来期23年9月期予想は370億円と、それぞれ増収率は今期＋6％、来期＋3％と僅かではありますが伸びています。営業利益は前期21年9月期の33億円が今期22年9月期予想は34億円、来期23年9月期予想は37億円と、やはり僅かではありますが今期＋4％、来期＋6％と成長を維持しています。ここで、既に売上高も営業利益も、伸び率が20％を下回っていますから、一義的な足切りの基準値を下回っています。ただ、僅かながら右肩上がりを継続している点は評価することができます。

さらに、稼ぐ力の営業利益率を見ます。今期営業利益率は『会社四季報』には掲載されていませんので、自分自身で計算する必要があります。営業利益率は、「営業利益」を「売上高」で割れば出てきます。同社は、9・7％で、可もなく不可もなくというところです。この時点で、営業利益率20％を下回っていますから、こちらも基準値を満たしていません。

ただしこの会社は［配当］欄を確認すると、予想配当利回りが高く、3・15％となっています。当時の東証一部の平均配当利回りが2・3％であり、これ以上は基本的によい投資対象であることを意味します。このため、この配当利回りの高さから、敗者復活的に投資対象リストに残すことにします。

さらに右上の［株価指数］欄を見ると、予想PERが22年ベースは9・6倍、23年ベースは9・5倍とあります。PERは、長く広く一般的に使われてきた指標ですが、実は株価バリュエーションを測る上ではやや安定感を欠く指標で、参考程度に見ておくだけで十分です。基本的には、市場平均PERより低ければ割安、高ければ割高、という見方で、当時の市場平均は14・1倍ですから割安と見てよい水準です。ただしこれだけで割安・割高を決定してはいけません。

一方、PBRが0・73倍とありますが、こちらはPERよりは確からしさがある指標です。PBRは、株価が企業の純資産に対して何倍で買われているかを見ており、原則は1倍が基準で、これを下回ると資産的に見て割安、上回ると割高、という見立てになります。今年に入り、東証がＰＢＲ改革を強く推進しており、日本市場においても原則ＰＢＲは1倍以上になるように対策を施すよう各社に警告しています。基準値が1倍ですから、富士製薬の株価水準は資産面で見て割安と見て良いです。

スクリーニングのところでも触れましたが、ＰＥＲの不安定さを解消するために開発されたハイブリッド指標がＰＥＧレシオです。ＰＥＧレシオは、『会社四季報』の誌面には書かれていません。したがって、『四季報オンライン』のスクリーニングで確認する必要がありますが、富士製薬の当時のＰＥＧレシオ（東洋経済版）は、3・1倍／％で、当時の市場平均ＰＥＧが4・6倍／％ですから、比較的割安な水準です。

また、株価水準を見るときに、もう一つ重視すべきなのがＰＳＲです。これは、株価（時価総額）が売上高に対して何倍で買われているかを見る指標で、ＰＳＲが1倍を割れている場合は特に注目するべき指標です。富士製薬工業は、ＰＳＲが0・69倍ですから、この点からは、株価はまだ割安水準と判定することができます。

総合すると、富士製薬工業は、ＰＢＲ、ＰＥＧ、ＰＳＲの3つの面で株価は割安で配当利回りも高く、業績も安定的ないわゆる堅実な印象の会社です。急速な成長はこの時点で見込まれませんが、オーナー社長のリーダーシップの元で、底堅く、中長期に少しずつ成長していく印象です。事業内容は極めて特異で、女性特化の医療を推進する会社は他にほぼ見当たりません。女性の社会進出や、女性平等を裏方で支えうる会社だと感じます。

これが22年3月時点の私の判断でしたが、当初（22年3月18日）時点の株価は978円、直近（23年7月14日）時点では1110円と、当初からの騰落は概ね1年4カ月で＋13・5％となっています。

4377　ワンキャリア

小型：時価総額132億円　テーマ：子供主役

娘の就活問題で気づいた成長性の高い会社

新卒採用メディアを運用している会社で、娘の就職活動を通じて感じた社会課題から注目しました。

娘は2022年に4年間の米国での留学を終え現地の大学を卒業して帰国しましたが、就職活動にはかなり苦労していました。そんな娘を見ているなか、コメント欄の「22年2

4377　ワンキャリア

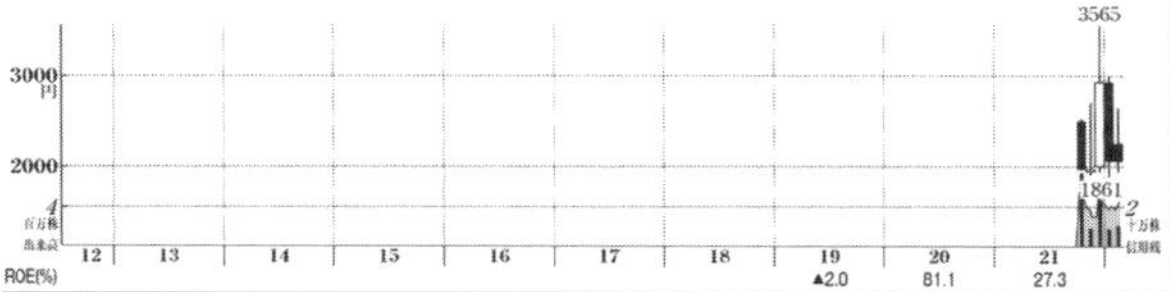

株価指標
予想PER（倍）
〈22.12〉 33.9
〈23.12〉 26.5
実績PER
高値平均 68.7
安値平均 36.6
PBR 7.16
株価(2/28) 2297円
最低購入額 22万9700円

【情報・通信】
⬆前号比増額

4377 (株)ワンキャリア
【決算】12月
【設立】2015.8
【上場】2021.10

【特色】新卒採用メディア運営。キャリアデータ活用に特徴、大企業利用多い。第2・第4四半期が需要期
【単独事業】キャリアデータプラットフォーム100〈21・12〉

【好調】ネット就活定着で学生の利用者増。つれて採用支援サービス使う企業が着実に増加。営業体制強化し中堅企業開拓も推進。サービス開発や年30人近い積極採用継続など先行投資こなし増益。当面無配。
【スカウト】22年2月からスカウトサービス開始、学生数の多さや選考情報との組み合わせで他社と差別化。23年以降に大学入学後のキャリア教育サービスの展開検討。

年月【資本異動】		万株
21.10	公60万株 (2090円)	560
21.11	三者16万株 (OA)	576
22. 5	減資	576

東証マ	高値	安値
21	3565(12)	1901(11)

	高値	安値	出来万株
21.12	3565	1922	504
22. 1	3005	1861	175
2	2649	1925	248

【市場(予)】東京G
【時価総額増減】—(—)
【採用】初‥万円
予‥ 内定‥（女‥）中途‥
【業種】他産業サービス・製品
時価総額順位 118／264社
【比較会社】4177 i−プラグ，3991 ウォンテド，6194 アトラエ

【株式】⅓₁ 5,760千株
単位 100株
時価総額 132億円
【財務】〈単21.12〉 百万円
総資産 2,745
自己資本 1,849
自己資本比率 67.4%
資本金 732
利益剰余金 385
有利子負債 283
【指標等】〈単21.12〉
ROE 27.3% 予21.1%
ROA 9.8% 予14.2%
調整1株益 49.1円
最高純益(21.12) 268
設備投資 ‥ 予 ‥
減価償却 26 予 ‥
研究開発 ‥ 予 ‥
【キャッシュフロー】百万円
営業CF 561(102)
投資CF ▲79(▲174)
財務CF 903(258)
現金同等物 2,231(845)

【株主】単1,721名〈21.12〉 万株
宮下尚之 363(63.1)
日本カストディ信託口 25(4.4)
長澤有紘 20(3.4)
SMBC信託銀行特定金外信託 18(3.2)
日本マスター信託口 15(2.7)
UBVファンドⅠ投資事業組合 11(2.0)
(株)AMG 10(1.8)
SBI証券 9(1.5)
BNY・GCMクライアントJ PRDISGFEAC 6(1.0)
ノムラノミニーズ・オムニバスマージンキャッシュPB 5(0.8)
〈外国〉3.4% 〈浮動株〉8.0%
〈投信〉5.6% 〈特定株〉85.2%
【役員】(社)宮下尚之 (副社)長澤有紘 (取)北野唯我 高木新平* (取監)野村有季子* 美澤臣一* 高橋治* (3.29予)

【業績】(百万円)	売上高	営業利益	経常利益	純利益	1株益(円)	1株配(円)
単19.12*	952	15	9	▲1	▲0.2	0
単20.12*	1,330	80	72	68	13.7	0
単21.12	1,951	422	393	268	51.9	0
単22.12予	2,800	590	590	390	67.7	0
単23.12予	3,900	800	800	500	86.8	0
単21.1~6	1,027	336	329	223	44.6	0
単22.1~6予	1,500	400	400	270	46.9	0
会22.12予	2,772	592	591	389	(22.2.14発表)	

【配当】	配当金(円)
19.12	0
20.12	0
21.12	0
22.12予	0
予想配当利回り	—%
1株純資産(円)〈単21.12〉	321.0 (23.7)

【本社】150-0031東京都渋谷区桜丘町20-1
☎03-6416-4088
【従業員】〈21.12〉 77名(29.0歳)年収‥万円
【証券】上東京マ 幹(主)日興(副)SBI，みずほ，楽天，極東，岩井コスモ，いちよし，岡三 名三井住友信 監太陽
【銀行】三井住友
【仕入先】—
【販売先】リクルート

2022年2集　https://onecareer.co.jp/

月からスカウトサービスを開始」という言葉が目に留まったのです。

ネットを使った就職活動が当たり前になり、学生の利用者も増えています。そこから採用支援サービスを利用する会社も増えており、そのような会社向けの事業を展開しています。

いまから30年近く前に私が行っていた就職活動は、応募ハガキを出して企業のリクルーターや人事部の面接を受けるのが一般的でした。ただし中途採用についてはスカウトを使うことも

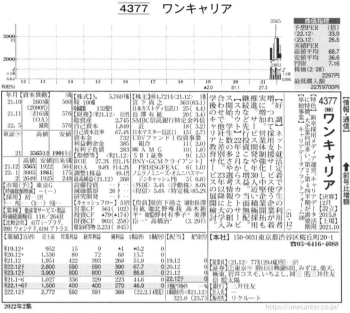

あり、このスカウトを使った採用を新卒採用でも行うというものです。

娘が就活で苦労する様子を見ていて、学生がより自分に合う会社と出会い、入社することの大切さを実感しました。そのためには社会基盤の整備も大事で、スカウトサービスはその一助を担う会社のように感じました。

時価総額は132億円で、前項の富士製薬工業よりさらにも小さな会社です。自己資本比率は67・4％で、こちらは富士製薬工業より15％ほど高くなります。

さらに売上高は前期21年12月期の19億円に対し、今期22年12月期予想が28億円、来期23年12月期予想が39億円と売り上げ規模こそ小規模ながら、伸び方が極めて高く、増収率はそれぞれ今期＋43％、来期＋39％増と強力です。

営業利益も前期21年12月期の約4億2000万円から、来期22年12月期予想が5億9000万円、来期23年12月期予想が8億円と、こちらも極めて高い水準で、それぞれ今期＋39％、来期＋35％の増加です。富士製薬工業の売上高や営業利益が数％の増加だったのに比べると、大変な上がり方です。

2年続けて2割以上伸びている会社は、経験則でいうとかなりの成長株です。いわば社会に役立つことをやっているうえに、しっかりと伸びているイメージです。しかも営業利益率は21％で、珍しいことに業績面での基準値をすべてにおいてクリアしているのです。他方、配当はまだ成長過程ということもあり無配です。

この手の成長株では、富士製薬のところで触れたＰＥＲの不安定さが露呈します。予想ＰＥＲは22年ベースが33・9倍、23年ベースが26・5倍です。単純にこれを市場平均値と比較すると、株価は割高である、と結論づけられてしまいます。しかし、ＰＥＲには二面性があり、このような成長株の場合はＰＥＲが「期待値」として評価されている可能性が高く、むしろ数値が高いほうが先行きの株価が強く出る場合が多いのです。この指標としての不安定さを解消するために開発されたＰＥＧレシオで見れば、この問題がなくフェアに評価が可能になります。

ではＰＥＧレシオはどうかというと、０・78倍／％と、この時点で極めて割安であることを指し示しています。

［株主］欄を見ると、最大株主は宮下尚之氏で63・１％を保有しています。つまり宮下氏のオーナー企業であり、この点でも成長株としての重要な要件を満たしています。

これからの日本の産業基盤を支える若者たちの将来への第一歩を支える、という極めて社会的に大切な分野を事業化している上、会社自身も若くパワフルで、いわゆる中小型成長株そのものです。ワンキャリアの株価は、分析当初の22年3月18日時点で２５１４円でしたが、直近23年7月14日時点で３６５５円と＋45・３％となっています。

こうした会社に気づいたのも娘の就活問題があったからで、身近な社会課題という視点がなければ探すことができなかったでしょう。まさにセルフＥＳＧという視点から見つけた成長性の高い会社といえます。ちなみに、娘は最終的には同業他社の転職コンサルタントにお世話になり、無事希望する企業に就職することができました。

5192　三ツ星ベルト

中型：時価総額704億円　テーマ：食料と水、環境対策

農機に活路を見いだした超高配当の優良企業

「Ｖベルト」と呼ばれるクルマのエンジンベルトをつくる会社で、設立が１９３２年という老舗です。注目したのがコメント欄の「農機向けも順調」「農機向けは高水準続く」という言葉です。

5192　三ツ星ベルト

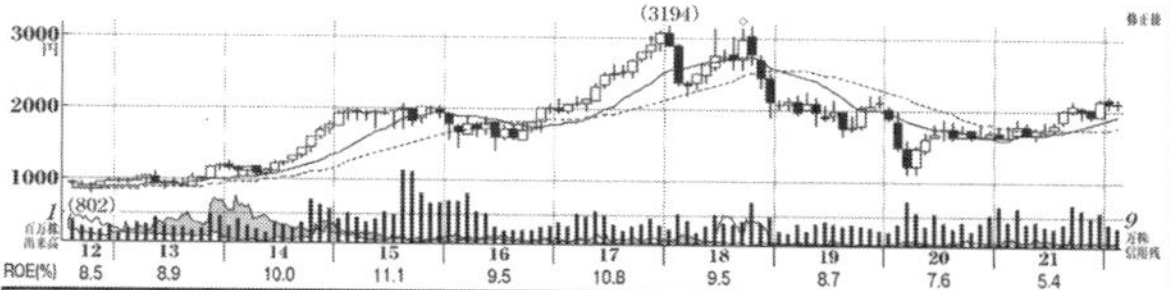

株価指標
予想PER　(倍)
〈22.3〉　11.1
〈23.3〉　10.6
実績PER
高値平均　13.8
安値平均　7.7
PBR　0.75
株価(2/28)　2161円
最低購入額　21万6100円

【ゴム製品】

5192
三《み》ツ星《ぼし》ベルト

【特色】Vベルトなど伝動ベルトの大手。自動車用中心に産業機械用、OA機器に製造販売。建材も
【連結事業】国内ベルト38(15)、海外ベルト46(9)、建設資材9(5)、他7(2)【海外】46

【決算】3月
【設立】1932.10
【上場】1958.7

➡前号並み　😊会社比強気

【堅調】主力の自動車向けは半導体不足でも数量増。農機向けも順調。営業益反発。23年3月期は自動車向け積み増す。農機向けは高水準続く。一般産業用も設備投資意欲高く需要旺盛。連続営業増益。増配も。
【増強】滋賀工場に新棟を建設し、22年4月稼働予定。ベルト素材加工行いグループ内にも販売。脱炭素狙い神戸事業所に太陽光パネル設置、各工場での展開を計画。
〈21・3〉

年月【資本異動】		万株
80.10	無1:0.05	6,131
82.11	無1:0.1	6,751
86. 5	無1:0.1	9,859
17. 2	消却	6,520
18.10	併2→1	3,260

東証	高値	安値
58~19	4440(86)	37(64)
20	2097(1)	1104(3)
21	2194(12)	1616(5)

	高値	安値	出来万株
21.12	2194	1926	116
22. 1	2216	2040	78
2	2186	2047	72

【市場(予)】東京P
【時価総額増減】168億円(222億円)
【採用】初23.2万円
予20 内定20(女4) 中途3
【業種】自動車部品
時価総額順位　26／124社
【比較会社】5186 ニッタ, 5195 バンドー化, 5108 ブリヂスト

【株式】12/31　32,604千株
単位 100株　貸借
時価総額　704億円
【財務】〈連21.12〉　百万円
総資産　114,044
自己資本　82,923
自己資本比率　72.7%
資本金　8,150
利益剰余金　68,678
有利子負債　4,351
【指標等】〈連21.3〉
ROE　5.4%　予6.8%
ROA　3.8%　予4.9%
調整1株益　―円
最高純益(17.3)　6,663
設備投資　3,669　予4,256
減価償却　3,972　予3,904
研究開発　2,671　予2,600
【キャッシュフロー】百万円
営業CF　8,612(　7,914)
投資CF　▲3,071(　▲349)
財務CF　▲4,104(▲6,208)
現金同等物　33,741(31,143)

【株主】連4,087名〈21.9〉　万株
自社(自己株口)　348(10.6)
日本マスター信託　311(　9.5)
日本カストディ銀行　178(　5.4)
三菱UFJ銀行　117(　3.5)
星友持株会　99(　3.0)
ノーザン・トラスト(AVFC)リフィデリティF.　91(　2.7)
ステート・ストリートB&T(OM02)505002　80(　2.4)
三井物産　75(　2.3)
三菱UFJ信託銀行　68(　2.1)
ニッポン・アクティブ・バリュー・ファンド　67(　2.0)
〈外国〉21.1%　〈浮動株〉18.8%
〈投信〉6.4%　〈特定株〉44.8%
【役員】(会)垣内一　(社)池田浩　(専)山口良雄　中嶋正仁　熊崎敏美　又場敬司　宮尾龍蔵*　奥田真弥*　(常監)増田健吉　(監)奥島吉雄　辻泰弘*　田中純*
【連結】三ツ星ベルト販賣

【業績】(百万円)	売上高	営業利益	経常利益	純利益	1株益(円)	1株配(円)
連19. 3*	72,002	8,127	8,945	6,157	203.5	60記
連20. 3	71,051	7,299	7,659	5,464	183.6	54
連21. 3	64,862	4,968	5,759	4,066	139.8	57
連22. 3予	72,500	7,800	7,800	5,600	194.6	66
連23. 3予	73,500	8,100	8,100	5,850	203.3	66~70
連21.4~9	37,068	3,998	4,439	2,917	100.3	33
連22.4~9予	37,000	4,100	4,500	3,100	107.7	33~35
連20.4~12	47,361	3,484	3,980	2,734	94.1	
連21.4~12	55,674	6,001	6,673	4,743	163.4	
会22. 3予	70,000	7,300	7,300	5,300	(21.5.14発表)	

【配当】	配当金(円)
20. 3	27
20. 9	27
21. 3	30
21. 9	33
22. 3予	33
22. 9予	33~35
23. 3予	33~35

予想配当利回り　3.05%
1株純資産(円)〈連21.12〉
2,881　(2,692)

【神戸本社】653-0024神戸市長田区浜添通4-1-21　☎078-671-5071
【東京本社】☎03-5202-2500
【事業所】神戸, 綾部
【工場】四国, 名古屋, 滋賀
【従業員】〈21.12〉連4,290名　単734名(40.7歳)年645万円
【証券】上東京　幹日興　名三菱U信　監EY新日本
【銀行】三菱U, 三井住友, 三菱U信, 三井住友信
【仕入先】帝人フロンティア
【販売先】トヨタ自動車

2022年2集　https://www.mitsuboshi.com/

農業は私の「じぶん目標」の一つである「食料と水」や「環境対策」に大きく関連する問題で、私にとって重要なテーマです。コメント欄の後半には「滋賀工場に新棟を建設」とあり、ここにも注目しました。海外ではなく国内に新しく工場を建てるのですから日本に雇用が増え、日本人にとって嬉しい話です。

コメント欄の最後には「脱炭素狙い神戸事業所に太陽光パネル設置、各工場での展開を計画」ともあり、環境問題という

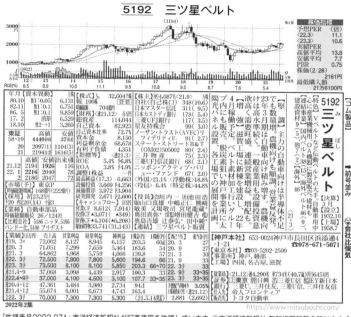

視点からも注目できると考えられます。

［株式］欄で時価総額を見ると７０４億円です。富士製薬工業の２５１億円やワンキャリアの１３２億円から見ると大きいですが、ＥＳＧファンドが主として対象としているブルーチップ系の企業と比較すると、はるかに小さい「中型株」です。

売上高は前期21年３月期の６４８億円に対し、今期22年３月期予想が７２５億円、来期23年３月期予想が７３５億円です。それぞれ増収率は今期＋11％、来期＋１％の伸びで、今期は大きく伸びますが来期はほぼ横ばいのイメージです。また水準は、基準値の20％には及びません。

ところが、営業利益を見ると22年３月期予想は前期の49億円から78億円に急増となり、これは＋57％の増益になります。ただ、来期23年３月期予想は81億円と＋３％増でやや成長鈍化の見通しですが、成長過程は継続しそうです。

また、予想配当利回りは３・05％と比較的高く、こちらも基準値をクリアしています。

少し応用編になりますが、このような高配当系の企業で、財務面で注目しておきたいのが［財務］欄の「自己資本比率」と、［キャッシュフロー］欄の一番下にある「現金同等物」から「有利子負債」を差し引いた「ネット現金残高」を自ら計算してみることです。

三ツ星ベルトは、自己資本比率が72・7％とかなり優良で、またネット現金残高は293億円と非常にキャッシュリッチな会社であることがわかります。手元に現金があるということは、将来的な配当余地や自己株買いの余地が高い、ということも留意しておく必要があります。事実、三ツ星ベルトはこの後に配当政策の大幅変更を発表し、従来35％だった配当性向を100％に引き上げ、配当利回りが8％近くまで跳ね上がりました。株式投資は、単に株価の上昇だけでなく、このように配当が将来的に増える可能性もあるわけです。

株価バリュエーションでは、予想PERが22年ベースが11・1倍、23年ベースでも10・6倍と多少割安といったところですが、PEGレシオで見ると、東洋経済方式の増収平均ベースで7・5倍／％とやや高く出ますが、複眼経済方式の営業増益平均ベースではなんと0・3倍／％と際立って低く、今後の成長性に対して株価は十分割安さを感じさせます。また、PSRは、0・97倍と若干ながら1倍を割れており割安水準です。

財務内容が健全で、自己資本比率が高く、キャッシュリッチであるために倒産リスクも極めて低い中で、自動車産業という「腐っても鯛」という業界で安泰な位置を築いていることから、今後も安定的に高い配当を出せるという意味で、土台に近い位置を担える珍しい銘柄だと思います。しかも、それだけの安定性と高配当を実現しながら、時価総額サイズが中型というのも珍しく、今後、新分野の農機関連でキッカケをつかめればさらなる成長も期待できると考えられます。

また、この時点のチャート的には、移動平均線の上にチャートが出てきており、そこまで強い印象ではありませんが、順張りで投資しやすい環境が整いつつあるようなタイミングに見えます。

株価推移は、22年3月18日当初は２０８８円だったものが、その後、直近23年7月14日時点で４２４５円と、倍増の＋１０３・３％に伸びています。

3904　カヤック

小型：時価総額112億円　テーマ：新しい社会システムの構築

eスポーツや電子通貨サービスに参入する、やんちゃだが応援したい会社

名物起業家の柳澤大輔氏が、学生時代に「面白法人カヤック」と称して起業した、異色

3904　カヤック

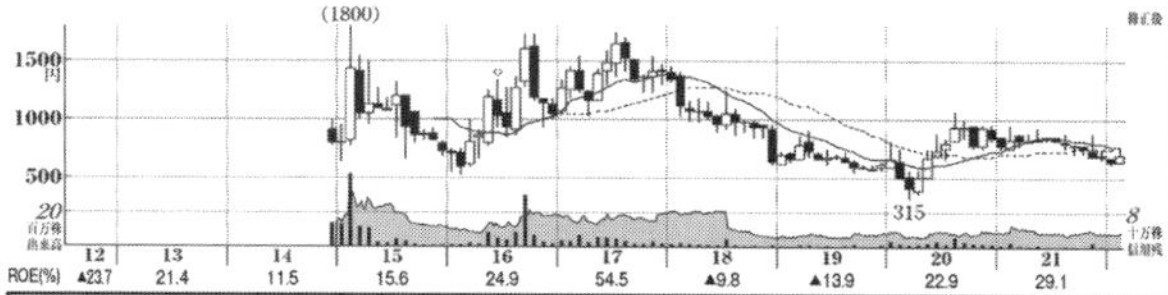

株価指標	
予想PER	(倍)
〈22.12〉	11.3
〈23.12〉	10.8
実績PER	
高値平均	24.7
安値平均	10.7
PBR	3.44
株価(2/28)	741円
最低購入額	7万4100円

【情報・通信】

3904 (株)カヤック

大幅増額

【決算】12月 【設立】2005.1 【上場】2014.12

【特色】ネット広告などの受託制作、ソーシャルゲームが主力。ゲームコミュニティ「Lobi」も運営

【連結事業】クライアントワーク23、ゲーム50、ゲームコミュニティ19、ちいき資本主義3、他サービス7〈21・12〉

【続 伸】簡易無料ゲームの広告収入が高水準持続。ゲーム受託開発は案件拡大に加え、前期買収子会社もフル寄与。eスポーツ大会運営も伸長。営業益大幅増続く。営業外の保険解約返戻金、株売却特益消える。

【新規事業】VRコンテンツ制作の知見生かし、メタバースのコンテンツ制作など担う専門部隊立ち上げ。電子地域通貨サービス「まちのコイン」が秋葉原で導入開始。

年月	【資本異動】	万株
13.12	分1→1000	652
14.12	公98万株 (560円)	751
16. 7	分1→2	1,504

東証Ⓜ	高値	安値
14~19	**3600**(15)	540(19)
20	1068(8)	**315**(3)
21	945(2)	655(12)

	高値	安値	出来万株
21.12	733	655	74
22. 1	679	**615**	29
2	**762**	622	55

【市場(予)】東京G
【時価総額増減】▲13億円(37億円)
【採用】初‥万円
予‥ 院卒‥ (女‥) 離職‥
【業種】通信サービス
時価総額順位 49/113社
【比較会社】2121 ミクシィ, 2432 DeNA, 4751 サイバーA

【株式】1/31 15,248千株
単位 100株 優待
時価総額 112億円
【財務】〈連21.12〉 百万円
総資産 7,844
自己資本 3,281
自己資本比率 41.8%
資本金 537
利益剰余金 2,216
有利子負債 2,294
【指標等】〈連21.12〉
ROE 29.1% 予30.5%
ROA 10.6% 予12.7%
調整1株益 54.0円
最高純益(21.12) 829
設備投資 ‥ 予 ‥
減価償却 158 予 ‥
研究開発 ‥ 予 ‥
【キャッシュフロー】百万円
営業CF 489(1,295)
投資CF 13(223)
財務CF ▲572(▲263)
現金同等物 2,458(2,513)

【株主】㊥‥名〈21.6〉 万株
柳澤大輔 396(26.0)
貝畑政徳 342(22.4)
久場智喜 342(22.4)
日本カストディ銀行 70(4.6)
SBI証券 26(1.7)
BNY・GCMクライアントJ PRD・AC・ISG 13(0.8)
山田智則 8(0.5)
福山司 7(0.4)
楽天証券 7(0.4)
藤原治 5(0.3)
〈外国〉 ‥% 〈浮動株〉 ‥%
〈投信〉 ‥% 〈特定株〉 ‥%
【役員】代取柳澤大輔 貝畑政徳 久場智喜 取締藤川綱司 森川徹治* 高岡美緒* 取監阿部由里 北川徹* 中村隆夫*
【連結】プラコレ, カヤックアキバスタジオ, ウェルプレイド

【業績】(百万円)	売上高	営業利益	経常利益	純利益	1株益(円)	1株配(円)
連17.12	6,087	675	737	507	33.7	3.9
連18.12	5,816	▲391	▲347	▲253	▲16.8	2
連19.12	6,382	▲535	▲540	▲304	▲20.1	0
連20.12	8,749	744	740	505	33.3	3.9
連21.12	12,566	1,143	1,266	829	54.5	3.9
連22.12予	15,000	1,500	1,500	1,000	65.6	3.9
連23.12予	16,000	1,600	1,600	1,050	68.9	3.9
連21.1~6	5,689	577	624	442	29.1	0
連22.1~6予	7,000	700	700	500	32.8	0
会22.12予	15,000	1,500	1,500	1,000	(22.2.14発表)	

【配当】	配当金(円)
16.12	0
17.12	3.9
18.12	2
19.12	0
20.12	3.9
21.12	3.9
22.12予	3.9
予想配当利回り	0.53%
1株純資産(円)〈連21.12〉	215.2 (159.8)

【本社】248-0012神奈川県鎌倉市御成町11-8 ☎0467-61-3399
【従業員】〈21.9〉連499名 単‥名(32.6歳)年577万円
【証券】上東京Ⓜ 幹(主)大和(副)野村, いちよし, SBI, マネックス 名三井住友信 監トーマツ
【銀行】横浜, 三井住友, みずほ, 三菱U
【仕入先】—
【販売先】—

2022年2集　https://www.kayac.com/

のベンチャー企業です。私は、趣味で電子音楽の制作をしているのですが、その音楽仲間の一人がカヤックに勤めていて知ることとなった、身近に偶然接点のあった会社の一つです。「面白法人」と自ら謳うぐらいですから、いろいろ変わったことを幅広く行っている会社なのですが、この回の四季報コメントで気になったのが「電子地域通貨サービス『まちのコイン』が秋葉原で導入開始」というところでした。

　私の問題意識として、現在の

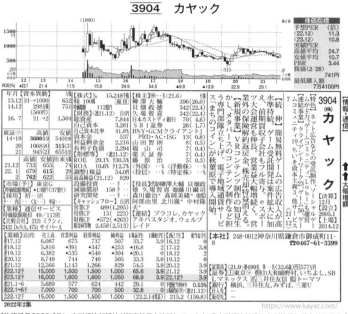

貨幣システムは、資本主義の限界とも重なって、様々な問題を孕んでいるというものがあります。では仮想通貨は解決策になるのかというと、これも乱高下が激しく、通貨というより投機の対象になっています。そう考えたとき、現状ではまだ正解は見えていませんが、新しい通貨の可能性にチャレンジすることは大事で、地域通貨もその一つです。

ただ、これまで地域通貨はどちらかというと「お遊び」の範囲を超えられず、実質的なパワーを持つには至りませんでした。ところが、あのやんちゃなカヤックがこれに手を出す、というのはひょっとしたらひょっとして、という淡い期待を持たせてくれたのです。

売上高は21年12月期は１２５億円、今期22年12月期予想は１５０億円、来期23年12月期予想は１６０億円で、それぞれ増収率は今期＋20％増、来期＋６％増です。営業利益はそれぞれ前期11億円から今期15億円、来期16億円、増益率今期＋31％増、来期＋６％増になります。増収増益の20％の基準値を超えていますが、来期に向けてやや鈍化する点は注意が必要です。なお、営業利益率は10％です。

予想配当利回りは、０・53％と高くはありません。予想ＰＥＲは今期ベースが11・３倍、来期ベースが10・８倍で、相応に割安になっています。一方ＰＢＲは３・44倍で割高水準です。ＰＥＧレシオで見ると０・48倍／％と極めて割安で、やはり成長ポテンシャルを考慮すれば十分に株価は割安と考えられます。また、ＰＳＲも０・74倍と割安の水準です。

株価は、22年３月18日時点で７５１円でしたが、その後一時的に大きく上がって同年11月には高値１６３６円を付けましたが、その後急落して直近23年７月14日現在は８６４円、当初より＋15・０％となっています。

秋葉原の地域通貨は通称「アキコ」というようですが、今後もどこまで広がるのかをウォッチしていきたいと思います。

【2022年3集・夏号　発行月：2022年6月】

7134　クルーバー（現・アップガレージG）

超小型：時価総額36億円　テーマ：環境対策

配当のよさが魅力の今後に期待したいリユース会社

クルマ用品等のリユース会社、つまり中古品を扱う会社です。コメント欄の後半で「【攻

7134　クルーバー

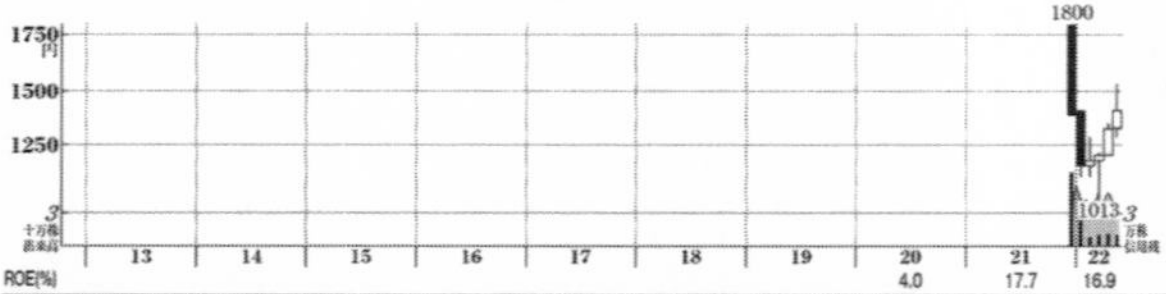

株価指標

予想PER	（倍）
〈23.3〉	7.5
〈24.3〉	6.7
実績PER	
高値平均	9.8
安値平均	5.5
PBR	1.16
株価（5/30）	1374円
最低購入額	13万7400円

【小売業】 ⬆前号比増額

7134 (株)クルーバー

【決算】3月 【設立】2014.4 【上場】2021.12

【特色】車用品等のリユース店を直営、FCで展開。モール型EC、新品卸、ITプラットフォーム併営

【連結事業】リユース業態60、流通卸売業態40、他0 〈22・3〉

【続 伸】ITプラットフォーム着実、卸も加盟店増。直営店はのれん分けで純減1で始動も、既存店が店頭、EC向けとも一段増、新規上乗せ。FC収入順調増。開業費負担こなし営業益続伸。配当性向30%目安。

【攻 勢】新店投資再開、直営、FCとも加速し早期300店体制へ。中古自転車の買い取り・販売業態立ち上げ、手薄の女性等に訴求。卸は首都圏外での加盟店開拓強化。

年月	【資本異動】	万株
21. 6	分1→100	211
21.12	公51万株（2160円）	262

東証Ⓢ	高値	安値
21	1800(12)	1388(12)
22.1~5	1526(5)	1013(3)

	高値	安値	出来万株
22. 3	1212	1013	10
4	1349	1206	11
#5	1526	1293	11

【外国人持株】一（一）
前年 一（2年前 一）
【会社業績修正】一
経常益÷期初会社予想 ‥倍
【業種】他消費財小売り
時価総額順位 90／114社
【比較会社】2674 ハードオフ

【株式】%30 2,624千株
単位 100株
時価総額 36.0億円

【財務】〈連22.3〉 百万円

総資産	5,338
自己資本	3,101
自己資本比率	58.1%
資本金	519
利益剰余金	1,695
有利子負債	794

【指標等】〈連22.3〉

ROE	16.9%	予15.5%
ROA	7.7%	予 9.0%
調整1株益		182.1円
最高純益(22.3)		412
設備投資	314	予600
減価償却	158	予190
研究開発	‥	予 ‥

【キャッシュフロー】百万円

営業CF	600（ 965）
投資CF	▲297（▲119）
財務CF	943（▲653）
現金同等物	2,074（ 827）

【株主】㊥1,609名〈22.3〉 千株

㈱Ｅ＆Ｅ	1,898(72.3)
BNY・GCMクライアントJ PRDISGFEAC	33(1.2)
自社従業員持株会	27(1.0)
河野映彦	21(0.8)
楽天証券	15(0.6)
ゴールドマン・サックス・インターナショナル	10(0.4)
㈻横浜商科大学	10(0.3)
纐嶋敏雄	10(0.3)
ＳＢＩ証券	9(0.3)
㈱横濱屋	7(0.2)

〈外国〉2.0%〈浮動株〉21.6%
〈投信〉0.0%〈特定株〉78.0%

【役員】㈳石田誠 ㈹㈳河野映彦 ㈶福島泰三* 佐藤麻子* 太田彩子* ㈸㈼青木尚 ㈼鳥山秀弘* 高橋知久*(6.28予)

【連結】アップガレージ，ネクサスジャパン

【業績】(百万円)	売上高	営業利益	経常利益	純利益	1株益(円)	1株配(円)
連20. 3*	9,343	197	209	60	28.8	17
連21. 3*	9,922	448	465	290	137.7	48.5
連22. 3	10,530	689	699	412	183.4	47.5
連23. 3予	11,300	800	810	480	182.9	55
連24. 3予	12,000	900	900	540	205.8	60
連21.4~9	4,800	252	257	165	78.5	0
連22.4~9予	5,200	280	280	175	66.7	0
会23. 3予	11,306	800	813	482	(22.5.9発表)	

【配当】	配当金(円)
20. 3	1700
21. 3	4850
22. 3	47.5
23. 3予	55
予想配当利回り	4.00%
1株純資産(円)〈連22. 3〉	1,181（838.6）

【本社】227-0063横浜市青葉区榎が丘7-22
☎045-988-5777
【グループ店舗】アップガレージ242
【従業員】〈22.3〉連188名 単38名(35.5歳)年626万円
【証券】上東京Ⓢ 幹㈲みずほ㈹野村，日興，三菱Uモル，極東，SBI，アイザワ 名三井住友信 監トーマツ
【銀行】三井住友，みずほ，三菱U，横浜，りそな，商中
【仕入先】一
【販売先】一

2022年3集　https://www.croooober.co.jp/

勢】新店投資再開、直営、FCとも加速し早期300店体制へ。中古自転車の買い取り・販売業態立ち上げ」とあります。さらに「手薄の女性等に訴求」ともあり、興味を持ちました。

もう一つ注目したのがコメント欄の前半にある「配当性向30%目安」という言葉です。実際、［配当］欄を確認すると予想配当利回りは4%で、極めて高い水準です。時価総額は36億円で、これまで紹介した会社の中でも、特に小さい会社です。テンバガー（10倍株）の候補を

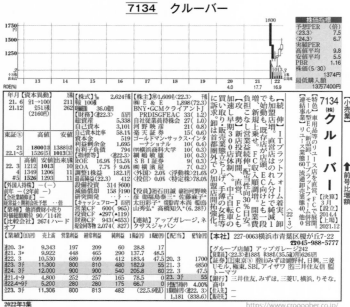

意識するのであれば、超小型銘柄で優良なものは外せません。

［財務］欄の自己資本比率は58・1％と高く財務内容は非常に優良です。

［業績］欄の売上高は22年3月期が105億円、23年3月期予想が113億円、24年3月期予想が120億円で、それぞれ増収率は今期＋7・3％、来期＋6・2％と成長はしますがややパワー不足なものの、営業利益はもう少し増える見通しです。22年3月期の営業利益は6・8億円に対し、23年3月期予想が8億円と＋16・1％増益、24年3月期予想が9億円と＋12・5％増益の伸びで、基準値の20％には至らないものの、相応に増益ペースを確保しています。

［株価指数］欄の予想PERは23年が7・5倍、24年が6・7倍で、十分に割安です。PEGレシオは、1・14倍と割安なうえ、PSRも0・32倍と低くなっています。

環境意識への高まりなどから、リユース業界は今後の成長も十分期待できると思います。これだけ超小型銘柄にもかかわらず、配当利回りが4％と非常に高いのも魅力で、配当でしっかり利益を確保しながらどこかで爆発するのを待つスタイルに合っている銘柄だと思われます。NISAの成長枠を使うなら、私ならこのようなものを入れておくと思います。

その後の株価推移は順調で、22年3集夏号発売の22年6月17日の株価が421円だったのに対し、直近23年7月14日時点で株価は778円と、+84・8％となっています。

3392　デリカフーズHLD

超小型：時価総額80・6億円　テーマ：女性の活躍

シングル家庭の課題解決に期待したいミールキットの販売会社

私がシングル・ファーザーだった経験から注目した会社です。惹かれたのは「ミールキット」という言葉です。

シングル・ファーザーとして一番大変だったのが夕飯づくりでした。毎日会社帰りにスーパーに寄り、帰ってから夕飯をつくる。世のお母さんたちの当たり前が、いかに凄い仕事なのかを日々思い知ったのでした。

この会社のコメント欄に「ミールキット販売開始」とあり、しかも「常時20品目そろえ専用サイトやアプリで注文、駅ナカコンビニ100店で受け取り可能」というのです。こ

3392 デリカフーズHLD

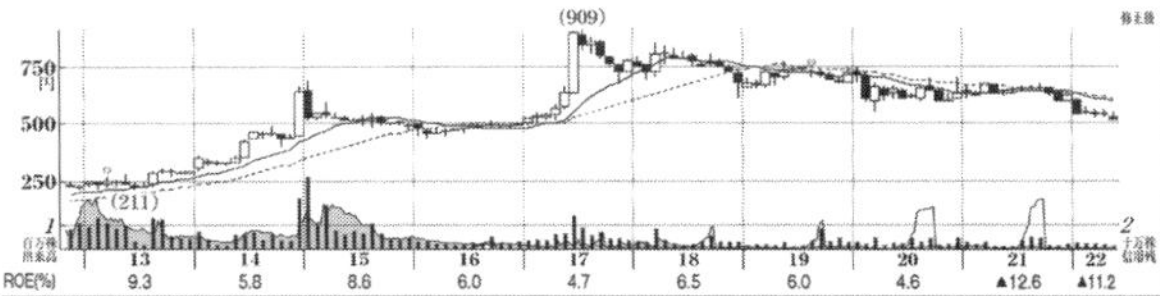

ROE(%)	13	14	15	16	17	18	19	20	21	22
	9.3	5.8	8.6	6.0	4.7	6.5	6.0	4.6	▲12.6	▲11.2

株価指標	
予想PER	(倍)
〈23.3〉	44.4
〈24.3〉	22.9
実績PER	
高値平均	31.7
安値平均	22.5
PBR	1.28
株価(5/30)	542円
最低購入額	5万4200円

【卸売業】 ⬇⬇大幅減額

3392 デリカフーズホールディングス

【決算】3月 【設立】2003.4 【上場】2005.12

【特色】ファミレスなど外食業界向けカット野菜、生鮮ホール野菜が主力。野菜の機能性研究に強み

【連結事業】青果物99(▲1)、物流1(0)、研究開発・分析0(9)、他一(2599)〈22・3〉

【黒字化】主力カット野菜、ホール野菜の外食向け回復。拡販努力で中食や量販、給食向け伸長。ミールキットも本格寄与。仕入れ見直しやロス削減、物流再編の効率化効く。営業黒字浮上。減損等特損縮小。増配。

【食彩豊か】ミールキット販売開始。常時20品そろえ専用サイトやアプリで注文、新駅ナカコンビニ100店で受け取り可能。新工場・物流拠点を関東等3地区に開設計画。

年月	【資本異動】	万株
15. 1	公105万株(1085円)	729
15. 2	三者14万株(OA)	743
19. 9	分1→2	1,487

東証Ⓢ	高値	安値
05~20	483000(05)	422(13)
21	679(9)	590(12)
22.1~5	611(1)	520(5)

	高値	安値	出来万株
22. 3	563	530	25
4	563	525	20
#5	544	520	19

【外国人持株】▲0.2pt(+0.1pt) 前年 2.3%(2年前 2.0%)
【会社業績修正】一
経常益÷期初会社予想 ▲0.9倍
【業種】食品
時価総額順位 122/171社
【比較会社】2708 久世, 7481 尾家産業, 3182 オイラ大地

【株式】4/30 14,872千株
単位 100株 [優待]
時価総額 80.6億円

【財務】〈連22.3〉	百万円
総資産	22,945
自己資本	6,236
自己資本比率	27.2%
資本金	1,377
利益剰余金	2,595
有利子負債	11,462

【指標等】	〈連22.3〉	
ROE	▲11.2%	予2.9%
ROA	▲3.3%	予0.8%
調整1株益		一円
最高純益(15.3)		489
設備投資	1,070	予‥
減価償却	941	予‥
研究開発	27	予‥

【キャッシュフロー】	百万円
営業CF	857(72)
投資CF	▲1,102(▲830)
財務CF	140(1,142)
現金同等物	4,209(4,314)

【株主】単10,333名〈22.3〉	万株
舘本篤志	203(13.7)
舘本勲武	161(10.8)
日本カストディ信託口	117(7.8)
日本マスター信託口	61(4.1)
大崎善保	38(2.5)
SMBC日興証券	36(2.4)
エア・ウォーター	21(1.4)
野村五郎	18(1.2)
丹羽真清	18(1.2)
自社グループ従業員持株会	16(1.0)

〈外国〉2.1% 〈浮動株〉32.8%
〈投信〉8.2% 〈特定株〉48.7%

【役員】(社)大崎善保 (会)舘本勲武 (取)小林憲司 仲山紺之 尾崎弘之* 柴田美鈴* (常監)田井中俊行 (監)森田雅也* 三島宏太* (6.22予)

【連結】デリカフーズ

【業績】(百万円)	売上高	営業利益	経常利益	純利益	1株益(円)	1株配(円)
連18. 3*	37,252	694	762	475	32.3	8
連19. 3*	39,448	685	761	459	31.2	8
連20. 3	40,413	571	641	360	24.5	5
連21. 3	31,725	▲1,467	▲1,031	▲953	▲64.6	5
連22. 3	39,788	▲397	▲242	▲746	▲50.6	5
連23. 3予	41,000	230	300	180	12.2	6
連24. 3予	41,500	500	580	350	23.7	6
連21.4~9	18,117	▲709	▲611	▲768	▲52.0	0
連22.4~9予	19,500	65	100	60	4.1	0
会23. 3予	40,500	230	300	180	(22.5.12発表)	

【配当】	配当金(円)
17. 3	15
18. 3	16
19. 3	16
20. 3	5
21. 3	5
22. 3	5
23. 3予	6
予想配当利回り	1.11%
1株純資産(円)〈連22. 3〉	422.5 (482.1)

【本社】121-0073東京都足立区六町4-12-12 ☎03-3858-1037
【主要子会社】デリカフーズ☎03-3858-1166
【従業員】〈22.3〉連703名 単20名(43.0歳)年647万円
【証券】上東京Ⓢ 幹(主)野村(副)みずほ, 三菱Uモル, SBI, 日興 名三菱U信 監仰星
【銀行】三菱U, みずほ, 三井住友
【仕入先】契約産地
【販売先】外食産業

2022年3集　　https://www.delica.co.jp/

の時点では既に娘が留学に出ていましたから、足元では関係がありませんでしたが、あのときこんなものがあったら楽ができただろうな、と思ったのです。

もしこのようなサービスが世にどんどん出てきて、その質も向上されてくれば、別にシングル家庭でなくても、世の中のお母さんたちが皆助かるようになるでしょう。保育園の枠を広げるのも大事ですが、ミールキットも意外と少子化対策に重要な気もするわけです。

さて、同社の時価総額は80億

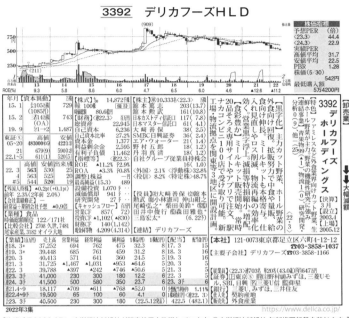

6000万円で、超小型に分類されます。自己資本比率は27・2％で、これは少し低い水準です。［株主］欄を見ると舘本篤志氏が13・7％、舘本勲武氏が10・8％を保有し、舘本勲武氏が会長を務めていることからオーナー系企業であると推測できます。

売上高は22年3月期が397億円、23年3月期予想が410億円、24年3月期予想が415億円で、それぞれ増収率は今期＋3％、来期＋1％と売り上げは伸長しますが僅かです。

一方、注目すべきは営業利益です。前々期21年3月期は▲14億円の赤字、翌22年3月期も▲3・9億円の赤字と、二期連続赤字でした。これが、今期23年3月期は2・3億円の黒字化する予想となっているのです。このように、赤字から黒字になることを「黒字転換」といい、非常に重要な転換点として捉えるべき事象です。しかも来期には営業利益が倍増する見通しで、尻上がりに回復する見通しとなっています。

このようなケースは、「業績回復株」として特別に注視します。勿論、予想どおりに事が運ばずに再び赤字転落するリスクも考慮する必要はありますが、もし計画どおりに回復する場合は株価が転換して上昇する可能性があるのです。

その後、デリカフーズの株価はどのように推移したかというと、分析当初の22年6月17

日時点で株価520円でしたが、そこから暫く下落傾向から抜けられず安値465円を付けた後、反転上昇して直近は590円まで回復してきたところです。まだ業績回復の過渡期ですが、ミールキットも順調に拡大し利益水準を切り上げてきており今後に期待したいところです。

3856 Abalance

小型：時価総額195億円　テーマ：環境対策

塾生が見つけた大化け太陽光発電会社

この銘柄だけは、正直をいうと注目はしていたものの私自身は最後まで半信半疑で買えなかったのですが、複眼経済塾の塾生がコンテストにエントリーしてくださり、優勝した銘柄です。複眼経済塾では、アツアツ銘柄コンテストという四季報から選んだ渾身の一銘柄を競うコンテストがありますが、塾生がこの銘柄を言い当てたのです。

Ａｂａｌａｎｃｅは、本章で採り上げている銘柄の中で株価が最も伸びた、太陽光発電

3856 Abalance

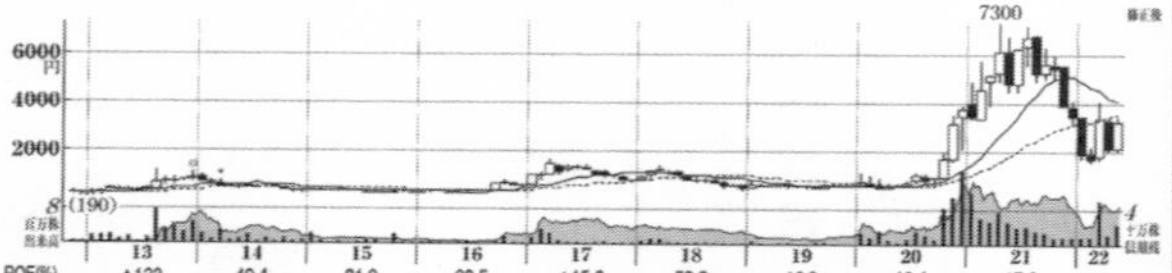

ROE(%)	13	14	15	16	17	18	19	20	21	22
	▲133	49.4	21.0	20.5	▲15.3	53.2	16.9	10.4	17.6	

株価指標
予想PER (倍)
〈22.6〉 22.6
〈23.6〉 16.2
実績PER
高値平均 38.0
安値平均 7.8
PBR 3.45
株価(5/30) 3510円
最低購入額 35万1000円

【電気機器】
➡前号並み

3856 Abalance

【決算】6月
【設立】2000.4
【上場】2007.9

【特色】IT創業後、建機商社WWBと株式交換。主力は太陽光発電。傘下にベトナム太陽光パネル会社
【連結事業】太陽光パネル製造78(3)、グリーンエネルギー20(19)、IT0(26)、光触媒1(18)、他1(▲15)【海外】79〈21・6〉

【躍進】ベトナム太陽光パネル会社が通期390億円上乗せも利益寄与小。メガソーラー販売縮小し営業益足踏み。23年6月期は増産の太陽光パネルが採算改善、部門年商880億円視野。太陽光発電も買収電源含め順次稼働。営業益躍進。金利負担大。
【ベトナム社】欧米から想定外の受注続くが、資材と船賃の高騰響き利益急落、値上げ全力。6月株式上場は23年6月期中へ延期。

年月【資本異動】		万株
20.12	三者10万株(2068円)	531
21.11	三者15万株(5162円)	556

東証Ⓢ	高値	安値
07~20	504000(07)	204(15)
21	7300(4)	3080(12)
22.1~5	4090(3)	1561(2)

	高値	安値	出来万株
22. 3	4090	1716	1,010
4	3455	2046	235
#5	3525	2053	523

【外国人持株】+3.0pt(+3.6pt)
前年 1.9%(2年前 1.3%)
【会社業績修正】上方2 下方0
経常益÷期初会社予想 2.2倍
【業種】電力
時価総額順位 18/22社
【比較会社】9519 レノバ, 1407 ウエストH, 9517 eレックス

【株式】5/30 5,567千株
単位 100株
時価総額 195億円
【財務】〈連22.3〉 百万円
総資産 74,145
自己資本 5,630
自己資本比率 7.6%
資本金 1,243
利益剰余金 3,598
有利子負債 34,375
【指標等】〈連21.6〉
ROE 17.6% 予15.3%
ROA 1.4% 予 1.2%
調整1株益 101.1円
最高純益(18.6) 756
設備投資 6,290 予7,000
減価償却 708 予1,000
研究開発 ‥ 予 160
【キャッシュフロー】百万円
営業CF ▲608(▲861)
投資CF ▲1,391(▲472)
財務CF 5,290(1,465)
現金同等物 4,191(679)

【株主】単3,614名〈21.12〉 万株
龍 潤生 186(33.4)
田中龍平 26(4.8)
(有)飯塚フューチャーデザイン 21(3.8)
FBCインベストメント(株) 20(3.5)
日野 豊 16(2.8)
(株)神宮館 11(2.1)
山下 博 10(1.8)
厳平志郎 9(1.6)
ノムラノミニーズ・オムニバスマージンキャッシュPB 6(1.1)
下中佳生 6(1.0)
〈外国〉4.9% 〈浮動株〉23.4%
〈投信〉0.0% 〈特定株〉57.5%

【役員】(社)光行康明 (取)龍潤生 (取監)佐伯英隆* 日下部笑美子* 六川浩明* 本間勝*

【連結】WWB, バローズ, VSUN, Abit, 日本光触媒

【本社】140-0002東京都品川区東品川2-2-4 天王洲ファーストタワー ☎03-6864-4001

【従業員】〈21.6〉連878名 単15名(48.7歳)年792万円
【証券】上東京Ⓢ 幹(主)HS(副)みずほ, BofA, SBI, いちよし, 東海東京, 三菱Uモル 名みずほ信 監アスカ 【銀行】みずほ, 千葉, 七十七, 紀陽, 徳島大正, 香川, 高知, 政策公庫, 大阪厚生信金, さわやか信金
【仕入先】総合商社
【販売先】東京電力, 九州電力, 中部電力

【業績】(百万円)	売上高	営業利益	経常利益	純利益	1株益(円)	1株配(円)
連19. 6	5,984	608	566	316	61.2	17
連20. 6	6,678	361	305	211	40.9	17
連21. 6	26,901	1,361	1,269	537	102.6	17
連22. 6予	70,000	1,400	1,430	860	155.2	18記
連23. 6予	100,000	2,500	2,000	1,200	216.6	17~19
連21.7~12	26,655	532	340	803	148.5	8記
連22.7~12予	40,000	1,000	800	480	86.6	7~8
連20.7~3	19,544	1,250	1,214	582	111.7	
連21.7~3	55,652	723	486	776	142.3	
会22. 6予	70,000	1,400	1,430	858	(22.5.16発表)	

【配当】	配当金(円)
20. 6	10
20.12	7
21. 6	10
21.12	8
22. 6予	10
22.12予	7~8
23. 6予	10~11

予想配当利回り 0.51%
1株純資産(円)〈連22. 3〉 1,016(754.9)

2022年3集

https://www.abalance.jp/

や太陽光パネル製造を行う会社です。

この会社の四季報でひときわ目立つのが、業績の伸びです。19年6月期は59億円、20年6月期は66億円と、売上高１００億円にも満たない会社だったのが、突如前期21年6月期に4倍増の２６９億円を計上、今期22年6月期はさらに２・６倍増の７００億円、来期23年6月期は１０００億円の大台に乗る、という予想をぶち上げたのです。

一体、何が起こったんだ、ということですが、［特色］欄を

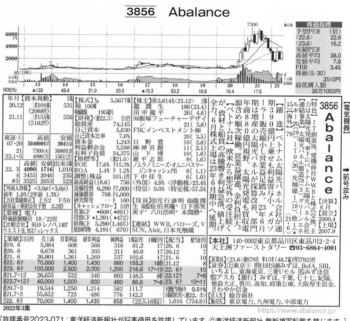

見ると、その一端が窺えます。この会社は、もともとＩＴ創業後、建機商社ＷＷＢと株式交換を行い、太陽光発電会社に生まれ変わった、ということが書かれています。有価証券報告書の沿革によれば、この株式交換は２０１１年に行われており、それ以降、約10年間は日本各地の太陽光発電事業を展開していたようですが、転機は２０２０年に買収したベトナムの子会社です。

コメント欄にその断片が載っていますが「ベトナム太陽光パネル会社が通期３９０億円上乗せも利益寄与小」とあります。本来は、私もここでピンと来るべきでしたが、うっかり後段の「利益寄与小」という言葉に惑わされ、売上通期寄与の大きさを見誤ったのです。

またコメント後半では、ベトナム社が「欧米から想定外の受注続くが、資材と船賃の高騰響き利益急落、値上げ全力」とあります。ここでも、後段のネガティブな言葉に気を取られ、欧米から「想定外の受注続く」の一言をスルーしてしまったのです。

予想ＰＥＲは22年ベースが22・6倍、23年ベースは16・2倍、ＰＢＲは３・45倍といずれも割高です。ところが、ＰＥＧレシオは０・13倍／％と異常な低さ、ＰＳＲも同様に０・27倍と超割安となっていたのです。

なお、私が半信半疑になった理由は、財務内容にあります。同社は自己資本比率が7・6％と債務超過寸前の状況だった上に、営業ＣＦ（キャッシュフロー）が2期連続でマイナスでした。営業ＣＦがマイナスの状況は、黒字倒産する可能性があります。ただ、この辺りも、同社に直接伺うなどもう少し深堀りして調査すれば、より実態が理解できていたかもしれません。

いずれにしても、この会社の株価はその後大化けします。22年6月17日時点で１４５０円だった株価は、わずか1年足らずで１３６２０円まで上昇、ほぼ10倍・テンバガーを達成します。直近23年7月14日時点ではだいぶ沈静化して９２６０円まで下落していますが、やはりテンバガーは多少あやうくとも成長する中小型銘柄から出没することを実感できた事例でした。

2813 和弘食品

超小型：時価総額30・3億円

テーマ：女性の活躍

女性管理職の割合を増やし、成長を期待させるラーメンスープの製造会社

躊躇してしまったAbalanceの快進撃の脇で、私がこの夏号で最も注目していたのが、この和弘食品です。

2章でも紹介した北海道小樽市にあるラーメンスープと麺つゆを製造している会社です。コメント欄の後半に「積極登用」とあり、「今後5年で管理職に占める女性割合を倍の5％まで引き上げ目標設定」とあります。目標が5％ですから、一見たいした数字に感じませんが、従来の2倍というのは思いきった数字です。

続く「スキルアップ研修実施などで側面支援」にも、女性に力を入れていこうという社長の意気込みを感じます。

時価総額は30億3000万円と小さく株価が伸びる余地は十分あります。財務面では、

2813　和弘食品

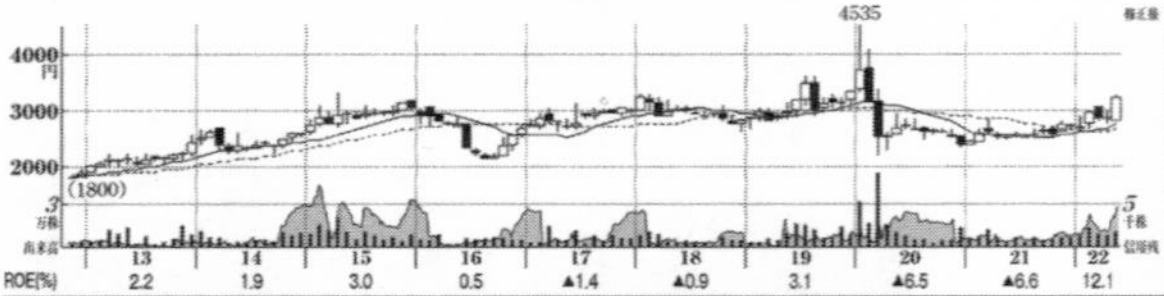

【株価指標】
予想PER　(倍)
〈23.3〉　4.8
〈24.3〉　4.6
実績PER
高値平均　5.5
安値平均　4.4
PBR　0.64
株価(5/30)
3200円
最低購入額
32万円

【食料品】

2813 和《わ》弘《こう》食《しょく》品《ひん》

⬆⬆大幅増額

【決算】3月
【設立】1964.3
【上場】1989.11

【特色】ラーメンスープと麺つゆで業界中堅。日清オイリオとの関係を緊密化。生産、物流を集約化
【連結事業】別添用スープ43、業務用スープ47、天然エキス2、商品8　〈22・3〉

【続　伸】国内は客先の営業時間平常化で外食向け復調。コンビニなど中食向けは提案営業で伸長続く。前期末実施の値上げも徐々に浸透。米国子会社は日本食ブーム追い風。新規客開拓も進む。連続営業増益。
【積極登用】今後5年で管理職に占める女性割合を倍の5%まで引き上げ目標設定。スキルアップ研修実施などで側面支援。米国はみそやスパイシー系スープ拡販注力。

年月	【資本異動】	万株
89.11	公50万株(1309円)	789
95.11	三者160万株(413円)	949
17.10	併10→1	94

東証Ⓢ	高値	安値
89~20	4535(20)	56(97)
21	2860(3)	2373(1)
22.1~5	3300(5)	2650(1)

	高値	安値	出来万株
22. 3	3070	2840	0.9
4	2993	2791	0.8
#5	3300	2800	1

【外国人持株】▲0.1pt(±0.0pt)
前年 0.1%(2年前 0.0%)
【会社業績修正】上方1　下方0
経常益÷期初会社予想　1.5倍
【業種】食品
時価総額順位 158/171社
【比較会社】2058 ヒガシマル，2812 焼津水産化，2814 佐藤食

【株式】%30　949千株
単位 100株　優待
時価総額 30.3億円
【財務】〈連22.3〉　百万円
総資産　8,855
自己資本　4,144
自己資本比率　46.8%
資本金　1,413
利益剰余金　1,345
有利子負債　2,697
【指標等】〈連22.3〉
ROE　12.1%　予13.3%
ROA　5.2%　予 6.2%
調整1株益　一円
最高純益(22.3)　461
設備投資　283　予‥
減価償却　480　予‥
研究開発　9　予‥
【キャッシュフロー】百万円
営業CF　571(　318)
投資CF　▲229(▲433)
財務CF　▲189(▲124)
現金同等物　1,265(1,051)

【株主】単1,996名〈22.3〉　千株
㈱和山商店　207(21.8)
日清オイリオG　160(16.8)
自社(自己株口)　126(13.3)
水元公仁　23(2.4)
和山明弘　21(2.3)
北陸銀行　17(1.8)
北海道銀行　14(1.4)
新堀眞敏　11(1.1)
日本生命保険　8(0.8)
斎藤大洲　7(0.8)
〈外国〉0.0%〈浮動株〉34.4%
〈投信〉0.0%〈特定株〉64.3%
【役員】(会)和山明弘 (社)加世田十七七 (取)和山信一郎 後藤政弘 加地賢幸* 白尾直樹* (常監)橋本充生 (監)齊藤揮誉浩* 菊川康宏*　(6.24予)
【連結】WAKOU USA

【業績】(百万円)	売上高	営業利益	経常利益	純利益	1株益(円)	1株配(円)
連18. 3	8,989	49	35	▲37	▲46.0	50
連19. 3	10,219	185	223	124	152.2	50
連20. 3	11,082	235	245	▲253	▲309.6	50
連21. 3	9,975	▲244	▲177	▲238	▲291.0	30
連22. 3	11,490	461	469	461	561.3	50
連23. 3予	12,100	570	590	550	668.2	50
連24. 3予	12,700	600	620	570	692.5	50
連21.4~9	5,371	86	79	60	73.3	0
連22.4~9予	5,870	160	175	195	236.9	0
会23. 3予	12,126	569	594	553	(22.5.13発表)	

【配当】	配当金(円)
17. 3	5
18. 3	50
19. 3	50
20. 3	50
21. 3	30
22. 3	50
23. 3予	50

予想配当利回り　1.56%
1株純資産(円)〈連22. 3〉
5,036 (4,265)

【本社事務所】047-0261北海道小樽市銭函3-504-1　☎0134-62-0505
【支店】東京☎03-6420-3071，札幌，東北，大阪
【工場】北海道，関東，北海道第二
【従業員】〈22.3〉連270名　単241名(38.0歳)年521万円
【証券】上東京Ⓢ，札幌　幹(主)野村(副)日興，三菱Uモル，いちよし　名三菱U信　監EY新日本
【銀行】三井住友，北陸，北海道
【仕入先】極東高分子
【販売先】西山製麺

2022年3集

http://www.wakoushokuhin.co.jp/

自己資本比率は46・8%と安定的です。

売上高は22年3月期が１１４億円、23年3月期予想が１２１億円、24年3月期予想が１２７億円で、それぞれ増収率は今期＋5%、来期＋5%でさほどではありませんが、営業利益面で見ると22年3月期は約４・６億円、23年3月期予想は５・７億円、24年3月期予想が６・０億円と、それぞれ増益率は今期＋24%、来期＋5%の伸びになっており、基準値をクリアしています。

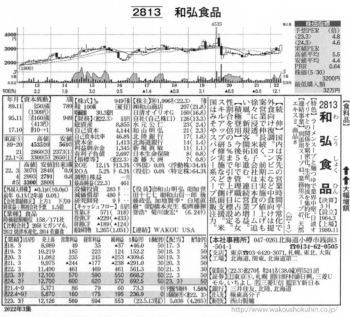

予想ＰＥＲは23年ベースで４・８倍、24年ベースが４・６倍とかなり割安なうえ、ＰＢＲも０・64倍と割安です。そして、ＰＥＧレシオは０・56倍／％、ＰＳＲは０・25倍といずれも非常に低い状況です。株価バリュエーションがすべて極端に割安になるケースも珍しい現象です。

なお和弘食品は、四季報のチャートも比較的綺麗な形でした。長く横這いから右肩下がりに低迷していたチャートが、直近で移動平均線の上に上昇し、陽線が立ち始めているのが見て取れます。このようなケースは、株価が底打ちする可能性が示唆されるサインです。

筆頭株主は和山商店で21・８％、和山明弘氏も２・３％を保有し、和山家がオーナーの会社であることが推測できます。

海外でのラーメンブームも後押しして、株価は22年６月17日時点で３３００円でしたが、約１年弱で約３倍の高値１０４６０円を付けます。その後やや沈静化し、直近23年７月14日現在は６６７０円、＋１０２・12％となっています。

【2022年4集・秋号　発行月：2022年9月】

6804　ホシデン

中型：時価総額1007億円

テーマ：環境対策

ガバナンスにも力入れる、次世代太陽電池を製造する会社

まず目を引いたのがコメント欄の「上触れ」という見出しです。後半の見出しも「進捗」と期待させる表現で、「次世代太陽電池注目のペロブスカイト太陽電池は23年量産化に向け順調。総会で機関投資家向け電子投票導入」とあります。

ここに書かれたペロブスカイト太陽電池がどのようなものか、技術的な詳細については認識できていませんが、次世代の太陽電池として注目されていることは、コメントの書きぶりからわかります。また機関投資家向け電子投票を導入するということは、ガバナンスの点でも力を入れている会社でもあり、ここにも好印象を持ちました。

6804　ホシデン

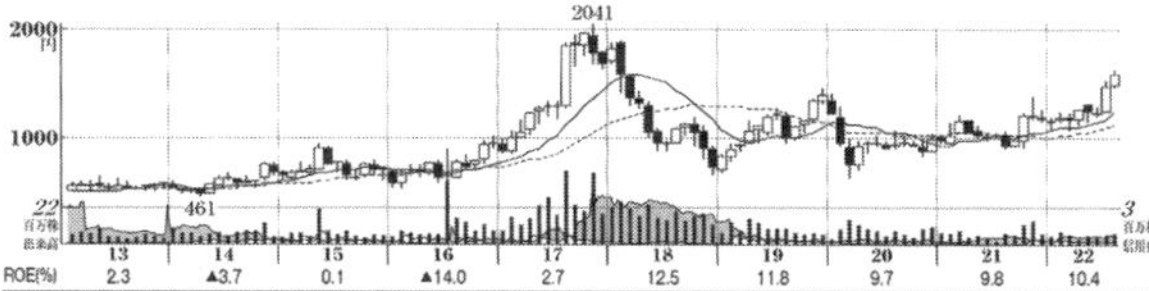

株価指標	
予想PER	(倍)
〈23.3〉	6.6
〈24.3〉	9.2
実績PER	
高値平均	7.4
安値平均	4.0
PBR	0.69
株価(8/29)	1557円
最低購入額	15万5700円

【電気機器】

6804 ホシデン

【特色】コネクター、スイッチ、マイク部品等情報通信部品大手。ゲーム機関連は任天堂向けの比率高い

【連結事業】機構部品85(5)、音響部品7(8)、表示部品4(3)、複合部品他4(16)【海外】35〈22・3〉

【決算】3月
【設立】1950.9
【上場】1963.8

↑↑大幅増額

【上振れ】自動車向け部品の回復遅い。が、スマホ向けは堅調。ゲーム機向けも半導体不足や物流混乱の改善が想定以上。前期の海外工場の一時停止影響は消える。円安も貢献し、前号から一転営業増益に。営業外に為替差益。配当性向3割で増配余地。

【進捗】次世代太陽電池として注目のペロブスカイト太陽電池は23年量産化に向け順調。総会で機関投資家向け電子投票導入。

年月【資本異動】		万株
82. 4	無1:0.2	3,810
83. 5	無1:0.18	4,496
84. 5	無1:0.06	5,390
91. 5	無1:0.1	6,460
21. 5	消却	6,471

東証P	高値	安値
63~20	**6750**(99)	**63**(65)
21	1382(11)	879(8)
22.1~8	1613(8)	1073(3)

	高値	安値	出来万株
22. 6	1273	**1187**	447
7	1527	1225	598
#8	**1613**	1443	716

【営業利益率】5.6%(+0.4pt)
5期平均5.1% 増益率▲5.3%
【四半期進捗率】3期平均16.9%
今期―%(―pt)

【業種】電子部品・産業用電子機器
時価総額順位 50/242社
【比較会社】6794 フォスタ電, 6798 SMK, 6807 日航空電子

【株式】7/31 64,710千株
単位 100株 貸借
時価総額 1,007億円
【財務】〈連22.6〉 百万円
総資産 173,428
自己資本 124,682
自己資本比率 71.9%
資本金 13,660
利益剰余金 98,721
有利子負債 12,147
【指標等】〈連22.3〉
ROE 10.4% 予10.4%
ROA 6.9% 予 7.5%
調整1株益 196.3円
最高純益(01.3) 14,534
設備投資 4,178 予4,000
減価償却 3,185 予3,550
研究開発 2,187 予2,500
【キャッシュフロー】 百万円
営業CF ▲1,230(12,590)
投資CF ▲3,059(▲2,360)
財務CF ▲3,748(▲3,860)
現金同等物 62,479(69,522)

【株主】単10,508名〈22.3〉 万株
自社(自己株口) 975(15.0)
日本マスター信託口 658(10.1)
日本カストディ信託口(みずほ銀) 282(4.3)
(株)シティインデックスイレブンス 277(4.2)
日本生命保険 235(3.6)
ステート・ストリート・バンク&トラスト505103 203(3.1)
日本カストディ信託口 161(2.4)
東京海上日動火災 150(2.3)
三菱UFJ銀行 130(2.0)
古橋由美 120(1.8)
〈外国〉20.0% 〈浮動株〉 9.2%
〈投信〉 5.8% 〈特定株〉51.2%
【役員】(社)古橋健士 (副社)北谷晴美 (専)堂地龍 水田兼正 堀江廣志* 丸野進* (常監)本保信二 (監)種村隆行* 丸山征克*
【連結】ホシデン九州, ホシデン精工, 香港星電, ホシデンヨーロッパ

【業績】(百万円)	売上高	営業利益	経常利益	純利益	1株益(円)	1株配(円)
連19. 3	233,435	11,457	13,357	10,709	180.6	25特
連20. 3	211,912	11,219	11,353	9,433	161.4	25特
連21. 3	233,934	12,377	13,401	10,338	178.7	25記
連22. 3	207,608	11,725	15,786	11,901	211.6	65
連23. 3予	220,000	15,000	19,500	13,000	236.5	65~70
連24. 3予	205,000	11,000	12,000	9,300	169.2	50
連21.4~9	96,788	6,588	7,410	5,994	106.2	10
連22.4~9予	130,000	10,500	15,000	10,500	191.0	23
連21.4~6	51,101	2,938	3,066	2,219	39.3	
連22.4~6	71,230	6,744	11,040	7,423	135.1	

【配当】	配当金(円)
20. 3	15
20. 9	10
21. 3	15
21. 9	10
22. 3	55
22. 9予	23
23. 3予	42~47
予想配当利回り	4.17%
1株純資産(円)〈連22. 6〉	2,269 (2,175)

【本社】581-0071大阪府八尾市北久宝寺1-4-33 ☎072-993-1010
【営業本部】本社, 東京☎045-423-2201
【工場】本社, 群馬
【従業員】〈22.6〉連8,166名 単603名(47.8歳)年687万円
【証券】上東京P 幹(主)大和(副)みずほ, 野村 名みずほ信 監トーマツ
【銀行】みずほ, 三菱U, 三井住友
【仕入先】―
【販売先】任天堂

2022年4集　http://www.hosiden.com/

時価総額は１００７億円で、今回で採り上げた会社の中では比較的大きめです。とはいっても５０００億円規模の中堅企業と比べるとまだまだ小さく、プライム市場の中では小規模な部類といえます。

［財務］欄の自己資本比率は71・9％と、極めて良好な財務体質です。さらに注目したのが配当で、予想配当利回りが4・17％と極めて高配当です。

売上高は22年3月期が２０７6億円、23年3月期予想が２２００億円、24年3月期予想が２

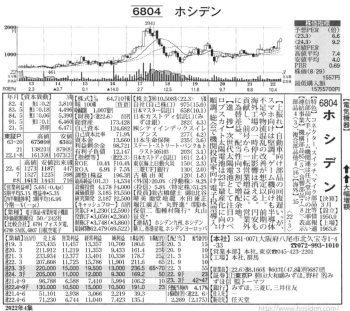

050億円です。今期+6%伸びたあと、翌期はマイナス6%と鈍化の予想になっています。

営業利益も22年3月期の117億円に対し、23年3月期予想が150億円、24年3月期予想が110億円で、これも+28%伸びたあと、26%のマイナスになります。23年3月期に上がって、24年3月期に下がるという構図が見えます。

予想PERは23年ベースで6・6倍、24年ベースが9・2倍とかなり割安で、PBRは0・69倍で1倍割れしています。PSRは0・45倍とこちらも割安です。

全体的な印象としては、配当がよく財務状況もいいので堅実な会社と認識できます。株価バリュエーションも目先ではかなり低く放置されているため、高配当を背景に少し様子を見ながらゆっくり投資できる先ではないかと考えます。新技術が業績にどう影響してくるのかを見極めるイメージです。

その後の株価を見ると、分析時点の22年9月16日に1614円でしたが、地味ながら株価は少しずつ右肩上がりに推移しており、直近23年7月14日時点で1716円、+6・32%となっています。

5310 東洋炭素

中型：時価総額688億円

テーマ：環境対策

環境問題にも取り組む、等方性黒鉛で世界シェアトップの会社

［特色］欄に「等方性黒鉛の先駆者、世界シェア3割とトップ」とあります。この、「世界トップシェア」というのは非常に重要な要素です。

コメント欄には「複合材もSiC半導体向け大きく伸びる」とあります。このSiC半導体は次世代パワー半導体のことです。高い電圧や大きな電流を扱える半導体で、電力供給に使われます。スマートに電力配分を行うことで、送電などにおける無駄をなくすことができるというもので、このSiC半導体向けの複合材が大きく伸びるというわけです。

また後半には「研究開発」の見出しで「26年度に向けて燃料電池触媒など競争力ある製品関連開発加速。加工廃棄物削減や廃棄材料のリサイクルも推進」とあります。環境問題への意識の高さを感じさせます。

5310 東洋炭素

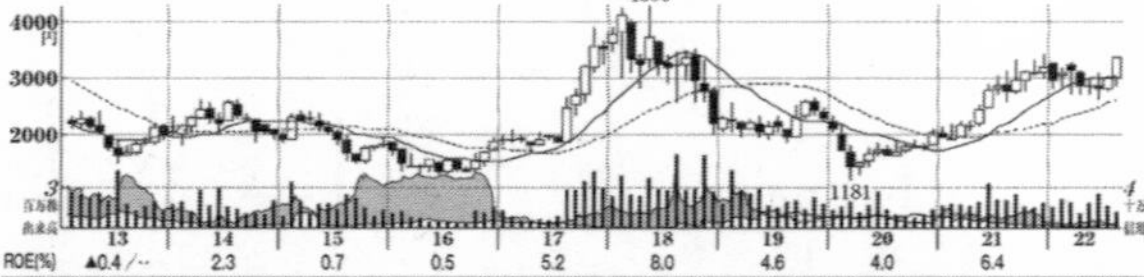

株価指標
予想PER (倍)
〈22.12〉 13.0
〈23.12〉 12.1
実績PER
高値平均 17.8
安値平均 10.4
PBR 0.91
株価(8/29) 3280円
最低購入額 32万8000円

【ガラス・土石製品】 ➡前号並み

5310 東《とう》洋《よう》炭《たん》素《そ》
【決算】12月 【設立】1947.7 【上場】2006.3

【特色】等方性黒鉛の先駆者、世界シェア3割とトップ。原料調達から製造・加工までの一貫生産に強み
【連結事業】特殊黒鉛45、一般カーボン(機械用)10、一般カーボン(電気用)15、複合材他25、商品5【海外】59〈21・12〉

【増配】特殊黒鉛は半導体分野が大幅増。複合材もSiC半導体向け大きく伸びる。円安効果と値上げ浸透に加え、工場稼働率改善が想定超。増益幅拡大。為替差益減。増配。23年12月期も化合物半導体関連の需要強く、複合材と特殊黒鉛の伸び続く。
【研究開発】26年度に向けて燃料電池向け触媒など競争力ある製品開発加速。加工廃棄物削減や廃棄材料のリサイクルも推進。

年月【資本異動】		万株
07. 4	三者10万株(OA)	1,383
07. 6	分1→1.5	2,075
17. 5	現物出資	2,077

東証P	高値	安値
06~20	14300(07)	1181(20)
21	3430(12)	1890(2)
22.1~8	3395(8)	2605(6)

	高値	安値	出来万株
22. 6	3090	2605	254
7	3045	2738	164
#8	3395	2854	134

【営業利益率】15.0%(+4.1pt)
5期平均13.6% 増益率65.6%
【四半期進捗率】3期平均54.4%
今期41.6%(▲12.8pt)
【業種】紙・パルプ製品・他素材
時価総額順位 10/54社
【比較会社】5301 東海カボン, 5302 カーボン, 4062 イビデン

【株式】7/31 20,992千株
単位 100株 貸借
時価総額 688億円
【財務】〈連22.6〉 百万円
総資産 87,847
自己資本 75,957
自己資本比率 86.5%
資本金 7,947
利益剰余金 53,055
有利子負債 219
【指標等】〈連21.12〉
ROE 6.4% 予7.0%
ROA 5.3% 予6.0%
調整1株益 一円
最高純益(08.5) 5,143
設備投資 5,110 予4,281
減価償却 2,952 予3,165
研究開発 1,390 予1,129
【キャッシュフロー】百万円
営業CF 7,328(7,020)
投資CF ▲6,252(1,011)
財務CF ▲1,261(▲2,099)
現金同等物 12,470(12,093)

【株主】単5,737名〈22.6〉 万株
日本マスター信託口 235(11.2)
日本カストディ信託口 210(10.0)
近藤朋子 156(7.4)
近藤尚孝 121(5.8)
近藤ホールディングス 116(5.5)
森田純子 94(4.4)
公益財団法人近藤記念財団 83(3.9)
NTコーポレーション(株) 62(2.9)
近藤孝子 62(2.9)
バンク・オブ・ニューヨーク 133652 44(2.1)
〈外国〉19.8% 〈浮動株〉9.5%
〈投信〉15.5% 〈特定株〉56.7%
【役員】(会・社)近藤尚孝 (副)平賀俊作 濱田達郎 岩本宗* 松尾修介* 高坂佳郁子* (常監)坊木斗志己 (監)今井和弘* 植村淳子*
【連結】東炭化工, 大和田カーボン工業, TOYO TANSO USA

【業績】(百万円)	売上高	営業利益	経常利益	純利益	1株益(円)	1株配(円)
連17.12	35,240	3,708	3,719	3,020	145.5	30
連18.12	41,132	7,009	7,057	4,910	234.5	50
連19.12	36,402	5,175	5,207	2,944	140.4	50
連20.12	31,226	3,422	3,877	2,662	127.0	50
連21.12	37,734	5,666	6,264	4,465	212.9	60
連22.12予	43,000	7,300	7,600	5,300	252.7	70
連23.12予	46,000	8,500	8,600	5,700	271.8	70~80
連22.1~6	20,293	3,039	3,705	2,564	122.3	0
連23.1~6予	22,000	3,500	3,500	2,400	114.4	0
会22.12予	43,000	7,300	7,600	5,300	(22.8.9発表)	

【配当】	配当金(円)
17.12	30
18.12	50
19.12	50
20.12	50
21.12	60
22.12予	70
23.12予	70~80
予想配当利回り	2.13%
1株純資産(円)〈連22. 6〉	3,622 (3,443)

【本社】555-0011大阪市西淀川区竹島5-7-12 ☎06-6472-5811
【営業所】東京, 東北, 北陸, 名古屋, 大阪, 広島, 四国, 九州【工場】詫間, 大野原, 萩原, いわき
【総合開発センター】大阪
【従業員】〈22.6〉連1,685名 単843名(43.0歳)年収564万円
【証券】上場東京P 幹事野村, 大和, みずほ, 三菱Uモル, SBI 名簿三菱U信 監査トーマツ
【銀行】みずほ, 三菱U, 百十四
【仕入先】一
【販売先】一

2022年4集
https://www.toyotanso.co.jp/

［株主］欄を見ると、個人株主で最初に出てくるのが近藤朋子氏、2番目が近藤尚孝氏です。［役員］欄には会長兼社長が近藤尚孝氏とあり、近藤家によるオーナー企業であることがわかります。

予想配当利回りの2・13％は平均的な水準で可もなく不可もなく、という印象です。ただ、［財務］欄の自己資本比率は抜群によく、86・5％です。また、現金同等物から有利子負債を引いた、ネット現金残高は122億円と比較的キャッシュリ

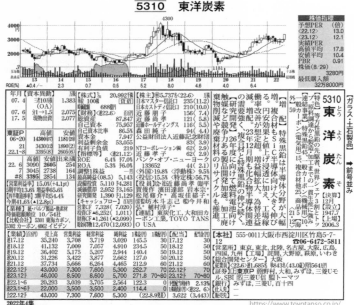

ッチな会社であることがわかります。

売上高は、21年12月期が３７７億円で、22年12月期予想が４３０億円、23年12月期予想が４６０億円です。増収率は今期＋14％、来期＋７％の伸びとなります。営業利益は21年12月期の56億円から、22年12月期予想は73億円、23年12月期予想は85億円と、それぞれ増益率は今期＋29％、来期＋16％の伸びです。

予想ＰＥＲも22年ベースは13・0倍、23年ベースで12・１倍と平均水準です。ＰＢＲは０・91倍と１倍割れ、ＰＥＧレシオは０・93倍／％と割安ですが、ＰＳＲは１・６倍と少し高めです。株価のバリュエーションが、すべてまちまちの結果を出すのもまた、珍しい現象です。

次世代パワー半導体が、本格的に業績に寄与してくるにはもう少し時間がかかる可能性もありますが、主力分野で世界トップシェアを誇り、抜群の財務状況をバックボーンにしているため、長い目で見て投資しやすい銘柄の一つだと思います。

株価は、当初22年９月16日時点で３３８０円でしたが、直近23年７月14日現在は５３００円、＋56・８％で推移しています。

8002 丸紅

超大型：時価総額2兆4604億円

テーマ：食料と水、環境対策

『会社四季報』で初めて「農地活用カーボンクレジット」の言葉が出た会社

日本の商社については、2020年に「投資の神様」と呼ばれるウォーレン・バフェット氏が三菱商事、伊藤忠商事、三井物産、丸紅、住友商事の5大商社の株式を5％ずつ取得したと公表して話題になりました。以後、日本の商社に注目が大きく集まるようになりましたが、その中でも丸紅を選んだのは、コメント欄に「アグリ事業は農業資材高騰で米ヘレナ社貢献」と農業関係の話題が取り上げられたからです。

さらに後半には「脱炭素」の見出しで、「バイオ炭の農地活用でカーボンクレジット創出する団体と代理店契約結びクレジット販売」ともあります。

カーボンクレジットとは、二酸化炭素など温室効果ガスの排出削減量を、おもに企業間で売買する仕組みです。農地に関連するカーボンクレジットの活用は、まだ始まったばか

8002　丸紅

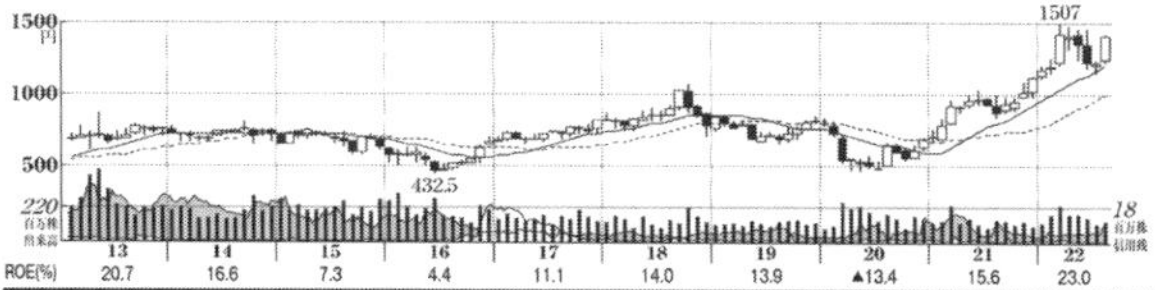

ROE(%)　20.7　16.6　7.3　4.4　11.1　14.0　13.9　▲13.4　15.6　23.0

株価指標
予想PER　（倍）
〈23.3〉　5.6
〈24.3〉　6.3
実績PER
高値平均　6.9
安値平均　3.5
PBR　1.00
株価(8/29)　1432円
最低購入額　14万3200円

【卸売業】

8002 丸《まる》紅《べに》
【決算】3月
【設立】1949.12
【上場】1950.7

↑前号比増額

【特色】芙蓉グループの総合商社大手。穀物、発電で商社首位級。プラントや輸送機、農業化学品に強み
【連結事業】アグリ48(3)、食料第一9(1)、食料第二9(5)、エネルギー8(5)、化学品7(4)、金属他19(4)【海外】63〈22・3〉

【連続最高益】アグリ事業は農業資材高騰で米ヘレナ社貢献。石炭好況で豪州原料炭が前半牽引、鉄鋼製品も伸びる。石油・LNG取引好調。海外電力着実、船舶活況。後半資源市況一服でも前号より一転純増益。
【脱炭素】バイオ炭の農地活用でカーボンクレジット創出する団体と代理店契約結びクレジット販売。サハリン1はリスク上昇で資産価値80億円減額し6月末30億円に。

年月【資本異動】		万株
07.12	交換	173,491
08. 3	交換	173,794
21. 7	現物出資	173,847
22. 5	消却	171,759
22. 7	現物出資	171,821

東証P	高値	安値
50~20	1212(07)	49(50)
21	1139(12)	668.3(1)
22.1~8	1507(3)	1108.5(1)

	高値	安値	出来万株
22. 6	1477	1187.5	15,598
7	1247	1142	11,852
#8	1446.5	1218	14,906

【営業利益率】3.1%(+1.1pt)
5期平均1.3% 増益率107.3%
【四半期進捗率】3期平均32.7%*
今期—%(—pt)

【業種】総合商社
時価総額順位　4/8社
【比較会社】8001 伊藤忠商事, 8031 三井物産, 8058 三菱商事

【株式】7/31 1,718,212千株
単位 100株　貸借
時価総額 24,604億円　225
【財務】〈◇22.6〉　百万円
総資産　8,976,391
自己資本　2,600,835
自己資本比率　29.0%
資本金　262,947
利益剰余金　1,514,206
有利子負債　2,731,929
【指標等】　〈◇22.3〉
ROE　23.0%　予16.9%
ROA　5.1%　予4.9%
調整1株益　242.4円
最高純益(22.3)　424,320
設備投資　‥予‥
減価償却　‥予‥
研究開発　‥予‥
【キャッシュフロー】　億円
営業CF　3,119(　3,970)
投資CF　▲796(▲1,162)
財務CF　▲4,196(　▲685)
現金同等物　5,786(　7,458)

【株主】単190,716名〈22.3〉　万株
日本マスター信託口　30,429(17.5)
日本カストディ信託口　11,591(　6.6)
ユーロクリア・バンク　9,431(　5.4)
明治安田生命保険　3,763(　2.1)
みずほ銀行　3,000(　1.7)
損害保険ジャパン　3,000(　1.7)
ステートストリートBウエストトリーティ505234　2,813(　1.6)
日本生命保険　2,340(　1.3)
JPモルガン・チェース・バンク385781　2,006(　1.1)
BNYMAsAgtNT　1,857(　1.0)
〈外国〉32.1%　〈浮動株〉8.0%
〈投信〉11.8%　〈特定株〉41.4%
【役員】(会)國分文也 (社)柿木真澄 (副)寺川彰 古谷孝之 高橋恭平* 翁百合* 八丁地隆* 木寺昌人* ⇨欄外
【連結】Helena

【業績】(百万円)	営業収益	営業利益	税前利益	純利益	1株益(円)	1株配(円)
◇20. 3	6,827,641	▲132,184	▲165,935	▲197,450	▲116.0	35
◇21. 3	6,332,414	129,045	281,763	225,343	127.5	33
◇22. 3	8,508,591	267,573	528,790	424,320	242.9	62
◇23. 3予	8,550,000	308,000	550,000	440,000	256.5	60~66
◇24. 3予	7,960,000	270,000	490,000	390,000	227.4	60
◇21.4~9	4,075,788	118,860	257,083	205,834	117.5	25.5
◇22.4~9予	5,450,000	205,000	378,000	285,000	166.2	30~33
◇21.4~6	2,134,021	68,848	139,372	112,132	64.0	
◇22.4~6	2,910,368	159,092	247,870	201,629	117.0	
会23. 3予	‥	‥	‥	400,000	(22.5.6発表)	

【配当】	配当金(円)
20. 3	17.5
20. 9	11
21. 3	22
21. 9	25.5
22. 3	36.5
22. 9予	30~33
23. 3予	30~33
予想配当利回り	4.19%
1株純資産(円)〈◇22. 6〉	
1,431	(1,217)

【本社】100-8088東京都千代田区大手町1-4-2　☎03-3282-2111
【大阪支社】530-8587大阪市北区堂島浜1-2-1新ダイビル　☎06-6347-2105
【従業員】〈22.6〉連‥名 単4,415名(42.3歳)年1,469万円
【証券】上東京P 幹みずほ, 野村, 日興, 大和, 三菱Uモル 名みずほ信 監EY新日本
【銀行】みずほ, 三菱U, 三井住友信, 三井住友, みずほ信, 農中
【仕入先】—
【販売先】—

2022年4集　https://www.marubeni.com/jp/

りですが、『会社四季報』でこの言葉が出てきたのは、この号の丸紅が最初ではないかと思います。

バイオ炭とは木炭や竹炭など、生物由来の有機物から作る炭のことです。植物は大気中のCO$_2$を吸収しますが、植物が廃棄・分解されるとCO$_2$も排出されてしまいます。これを炭化して固定することで排出量を減らすというものです。農地や森林を使ったカーボンクレジットの創出は、本来緑地の多い日本は有利に働くはずで、その観

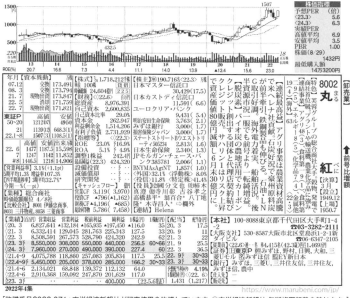

点からも要注目です。

日本の5大商社が割安なのはバフェット氏が指摘するとおりですが、丸紅も予想PERが23年ベースで5・6倍、24年ベースは6・3倍と極めて低く、PBRも1・00倍です。ただしPEGレシオは来期減収予想のためかなり割高に出ます。逆にPSRは0・28倍と低く出ますが、商社・卸売の場合、業種柄売上高が過度に大きく出るのでPSRはあまり参考になりません。一番の拠り所は配当利回りで、4・19％と高配当です。

チャート面では、20年から一貫して右肩上がりの状況であり、いわゆる順張り型で投資していくスタイルになります。時価総額は2兆4604億円と大きく超大型の部類に入ります。野球で言うと、頼りになるベテラン長距離バッターのようなイメージです。

商社は、他社も農業関係や林業関係は取り組んでいますが、四季報のコメントに農地に関するカーボンクレジットが特に取り上げられたことに素直に倣っていく、という四季報記事を上手くフィルターに使う事例です。

株価推移ですが、22年9月16日の1389・5円が、直近23年7月14日では2353・5円と、＋69・4％で推移しています。

2768 双日

大型：時価総額5806億円

テーマ：食料と水、環境対策

農業規範の国際水準認証という気になるコメント

2022年秋号の『会社四季報』で、もう一つ興味を持った商社が双日です。2003年に日商岩井とニチメンが統合してできた会社です。

こちらは、私の父の親友が旧・日商岩井に長くお勤めで、この方を通じて双日は商社の中でもイメージがとても紳士的で、それでいてチャレンジ精神が旺盛な好印象をもともと持っていた、という経緯があります。

注目したのはコメント欄の後半にある「国内で農業会社を単独設立し、農業規範の国際水準認証受けた農産物の普及目指す」というくだりです。ここでいう農業規範というのはGAP認証という国際認証で、「農産物の生産において、食品安全・環境保全・労働安全・人権保護・農場経営管理の5分野に資する、適切な工程管理に取り組むこと」という

2768 双日

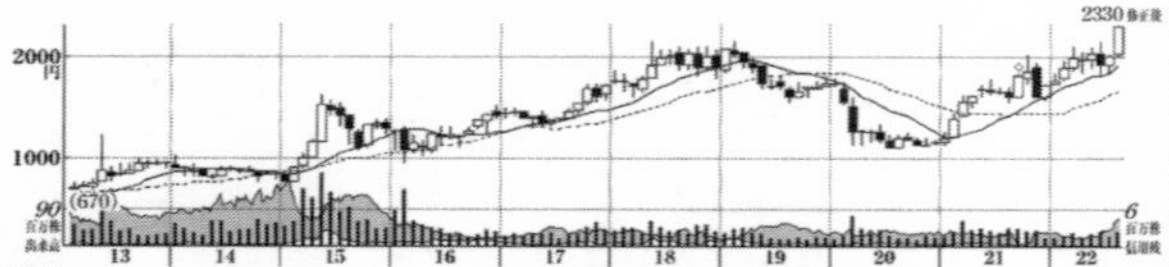

ROE(%) 4.3 6.5 6.5 6.8 7.6 10.0 11.7 10.2 4.5 12.2

株価指標	
予想PER	(倍)
〈23.3〉	5.4
〈24.3〉	6.6
実績PER	
高値平均	9.6
安値平均	6.2
PBR	0.67
株価(8/29)	2320円
最低購入額	23万2000円

【卸売業】 ⬆前号比増額

2768 双《そう》日《じつ》
【決算】3月 【設立】2003.4 【上場】2003.4

【特色】総合商社。03年に日商岩井とニチメンが統合。自動車、航空、肥料に強み。持分で鉄鋼、LNG
【連結事業】金属・資源・リサイクル27(6)、化学22(3)、生活産業・アグリビジネス14(2)、自動車(2)、他22(4)【海外】53 〈22・3〉1226

【増額】石炭の好市況受け金属・資源が前半想定以上。国内外発電、LNG事業も順調。木材、メタノール伸びる。フィリピン通信タワー持分一部売却も効く。後半は市況高一服だが前号より純益増額。増配。
【拡大】7月に岡山のビジネスジェット運航・整備会社を買収し、同事業を強化。国内で農業会社を単独設立し、農業規範の国際水準認証受けた農産物の普及目指す。

年月【資本異動】		万株
05. 8	減資	29,423
06. 7	減資	50,371
21.10	併5→1	25,029

東証P	高値	安値
03~20	794(03)	95(12)
21	2032(10)	228(1)
22.1~8	2337(8)	1733(1)

	高値	安値	出来万株
22. 6	2182	1835	3,767
7	2048	1864	2,514
#8	2337	2007	3,949

【営業利益率】3.7%(+2.1pt)
5期平均3.1% 増益率198.1%
【四半期進捗率】3期平均16.4%
今期ー%(ーpt)
【業種】総合商社
時価総額順位 7/8社
【比較会社】8001 伊藤忠商事, 8002 丸紅, 8015 豊田通商

【株式】6/30 250,299千株
単位 100株 貸借 225
時価総額 5,806億円
【財務】〈◊22.6〉百万円
総資産 2,841,927
自己資本 801,365
自己資本比率 28.2%
資本金 160,339
利益剰余金 346,300
有利子負債 1,070,249
【指標等】〈◊22.3〉
ROE 12.2% 予12.5%
ROA 3.1% 予 3.5%
調整1株益 ー円
最高純益(22.3) 82,332
設備投資 431億 予‥億
減価償却 342億 予‥億
研究開発 ‥億 予‥億
【キャッシュフロー】億円
営業CF 650(849)
投資CF ▲1,388(▲356)
財務CF 468(▲406)
現金同等物 2,716(2,875)

【株主】㊥98,059名〈22.3〉 万株
日本マスター信託 3,405(13.6)
いちごトラストPTE. 2,472(9.8)
自社(自己株口) 1,846(7.3)
日本カストディ銀行 1,587(6.3)
三菱UFJモルガン・スタンレー証券 486(1.9)
日本証券金融 408(1.6)
ステート・ストリート・バンク&トラスト505103 382(1.5)
ステートストリートBウエストトリーティ505234 357(1.4)
SMBC日興証券 356(1.4)
バンク・オブ・ニューヨーク・メロン140044 260(1.0)
〈外国〉33.3% 〈浮動株〉17.9%
〈投信〉 8.8% 〈特定株〉46.2%
【役員】(社)藤本昌義 (副)田中精一 平井龍太郎 尾藤雅彰 大塚紀男* ⇨欄外
【連結】双日マシナリー, 双日食料, 双日プラネット

【業績】(百万円)	営業収益	営業利益	税前利益	純利益	1株益(円)	1株配(円)
◊20. 3*	1,754,825	54,781	75,528	60,821	244.6	85
◊21. 3*	1,602,485	25,903	37,420	27,001	112.6	50
◊22. 3*	2,100,752	77,221	117,295	82,332	352.7	106
◊23. 3予	2,200,000	96,000	140,000	100,000	433.2	112~130
◊24. 3予	2,000,000	80,000	115,600	80,600	349.2	112~115
◊21.4~9*	1,000,694	35,743	52,455	39,449	167.1	45
◊22.4~9予	1,320,000	62,000	85,000	65,000	281.6	56~65
◊21.4~6*	492,842	15,689	23,213	16,924	70.9	
◊22.4~6	618,511	48,654	60,538	45,150	195.6	
会23. 3予	‥	‥	‥	85,000	(22.5.2発表)	

【配当】	配当金(円)
20. 3	8.5
20. 9	5
21. 3	5
21. 9	9
22. 3	61
22. 9予	56~65
23. 3予	56~65
予想配当利回り	4.83%
1株純資産(円)〈◊22. 6〉	3,472 (3,154)

【本社】100-8691東京都千代田区内幸町2-1-1 ☎03-6871-5000
【拠点】国内4, 海外79
【従業員】〈22.6〉連20,507名 単2,628名(41.8歳)年収1,038万円
【証券】上場東京P 幹事三菱Uモル, みずほ, 野村, 大和 名簿三菱U信 監査あずさ
【銀行】三菱U, みずほ, 政策, 三井住友信, 農中, りそな, 信金中金, 三井住友
【仕入先】ー
【販売先】ー

2022年4集
https://www.sojitz.com/jp/

ルールが課せられています。海外では特にこの認証を持っている農産物の販売が拡大するとの読みもあるのだと推察しますが、その生産を自ら行うというのも興味を引きます。

このほかにも、「岡山のビジネスジェット運航・整備会社を買収」など、相変わらず大手5商社とは少し違う路線を進むのが見えるのも面白いところです。

業績面は、総合商社の場合、税前利益で比較分析します。これは総合商社が「投資会社」の

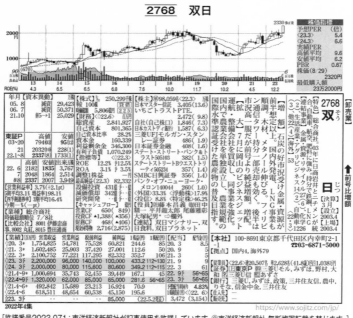

側面が強く、その実態に合わせる必要があるためです。その税前利益を見ますと、前期22年3月期は１１７２億円、今期23年3月期予想は１４００億円、来期24年3月期予想は１５６億円で、増益率は今期＋19・３％ですが、来期はマイナス17・４％減益予想で、利益成長は鈍化の見通しです。一方、予想配当利回りは、４・83％で丸紅の４・19％より高くなっており、この点は魅力的な部分でしょう。チャートで注目すべきは、19年1月頃つけたここ10年の高値ピーク約２０００円の水準を足元で上抜けしている点です。このような場合は、少なくともこの10年間で購入していた株主が全員含み益へとプラスに転じることから、需給環境が好転して株価が上昇トレンドに入る可能性があります。

時価総額は５８０６億円で、丸紅の２兆４６０４億円と比べると小さいサイズですが分類は大型株になります。予想ＰＥＲは23年ベースが５・４倍、24年ベースが６・６倍と割安。特にＰＢＲは０・67倍と1倍を割ります。なおＰＥＧレシオは丸紅同様に来期減収する関係で高く出ます。また、双日も商社・卸売のため、ＰＳＲはあまり参考になりません。

株価推移は、22年9月16日時点で２３３４円でしたが、直近23年7月14日現在３１７６円、＋36・１％で推移しています。

【2023年1集・新春号　発行月：2022年12月】

7732　トプコン

中型：時価総額1806億円

テーマ：食料と水、環境対策

GPSを使ったIT農業の本命

日本を代表する総合精密機器メーカーですが、注目したのはIT農業です。コメント欄には「IT農業堅実」「農機向け本格展開」といった言葉があり、さらに「中小型向け」という見出しで「GPS使う制御、測量技術武器に廉価版で国内ボリューム市場やアジア狙う」とあります。

特にGPSを得意とする会社で、農業機械や建設機械を無人で動かすための機材で定評があります。［特色］欄にも「建機・農機自動化で世界首位級」とあります。

時価総額は1806億円で、中型株に分類されます。時価総額サイズが比較的小さいた

7732　トプコン

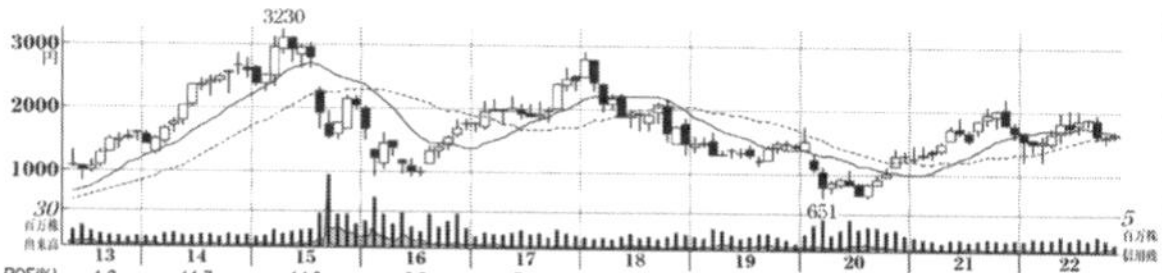

ROE(%)　1.3　11.7　14.8　6.9　7.4　9.7　9.8　1.4　3.6　14.0

株価指標
予想PER（倍）
〈23.3〉 13.3
〈24.3〉 12.1
実績PER
高値平均 94.4
安値平均 38.1
PBR 1.87
株価（11/28） 1669円
最低購入額 16万6900円

【精密機器】

7732 (株) トプコン

【特色】測量機からGPS応用製品展開。建機・農機自動化で世界首位級。眼底撮像など眼科検査装置も
【連結事業】スマートインフラ15(15)、ポジショニング・カンパニー52(12)、アイケア32(6)、他1(▲31)〈22・3〉
【海外】81

【決算】3月
【設立】1932.9
【上場】1949.5

【再増額】建設ICTは米国インフラ投資が住宅減吸収。IT農業着実。アイケアは高齢者対応眼底カメラで検査市場開拓進む。部材高は価格転嫁。アジア拠点拡充負担先行も1ドル130円前提と会社計画慎重。24年3月期は中小型建機、農機向け本格展開。
【中小型向け】GPS使う制御、測量技術武器に廉価版で国内ボリューム市場やアジア狙う。アイケアはドラッグストア等深耕。

➡前号並み

年月	【資本異動】	万株
13. 3	公1340万株（859円）	10,608
13. 3	三者199万株（OA）	10,808
22. 7	現物出資	10,823

東証P	高値	安値
49~20	**4490**(06)	**15**(50)
21	2185(11)	1222(1)
22.1~11	2033(7)	1211(3)

	高値	安値	出来万株
22. 9	**1952**	1600	1,282
10	1683	**1519**	1,000
#11	1704	1569	745

【総還元性向】35.4%（3期平均155.0%）
【増減配回数】増7　減2　据1　無0
【四半期進捗率】3期平均34.4%
今期49.1%（+14.7pt）
【業種】電子部品・産業用電子機器
時価総額順位 37／242社
【比較会社】6841 横河電機, 7731 ニコン, 6301 コマツ

【株式】9/30 108,265千株
単位 100株 [貸借] [優待]
時価総額 1,806億円
【財務】〈連22.9〉 百万円
総資産 206,716
自己資本 93,905
自己資本比率 45.4%
資本金 16,780
利益剰余金 48,969
有利子負債 43,039
【指標等】〈連22.3〉
ROE 14.0% 予14.1%
ROA 5.8% 予 6.4%
調整1株益 101.7円
最高純益(22.3) 10,699
設備投資 52億 予100億
減価償却 77億 予 95億
研究開発 161億 予190億
【キャッシュフロー】 億円
営業CF 205(194)
投資CF ▲97(▲92)
財務CF ▲136(▲61)
現金同等物 190(204)

【株主】単13,864名〈22.9〉 万株
日本マスター信託口 1,804(16.6)
日本カストディ信託口 1,113(10.2)
第一生命保険 403(3.7)
BNY・GCMクライアントJP RDISGFEAC 340(3.1)
バンク・オブ・ニューヨーク・メロン140051 310(2.8)
自社(自己株口) 296(2.7)
SSBT505103 255(2.3)
タイヨウ・ファンドLP 201(1.8)
バンク・オブ・ニューヨーク・メロン140044 173(1.6)
バンク・オブ・ニューヨーク・メロン140042 155(1.4)
〈外国〉46.4%　〈浮動株〉6.1%
〈投信〉15.0%　〈特定株〉46.9%
【役員】(社)平野聡 (取)江藤隆志 秋山治彦 山崎貴之 熊谷薫 松本和幸* ⇨欄外
【連結】トプコンポジショニングシステムズ

【業績】(百万円)	売上高	営業利益	経常利益	純利益	1株益(円)	1株配(円)
連18. 3	145,558	12,073	10,674	6,028	56.9	20
連19. 3	148,688	13,596	11,497	6,548	61.8	24
連20. 3	138,916	5,381	2,895	935	8.9	24
連21. 3	137,247	6,593	5,587	2,376	22.6	10
連22. 3	176,421	15,914	14,820	10,699	101.7	36
連23. 3予	208,000	19,500	19,000	13,200	125.4	42~44
連24. 3予	223,000	22,000	21,000	14,500	137.7	42~49
連22.4~9	102,715	9,336	9,428	6,032	57.3	20
連23.4~9予	110,000	10,700	10,200	6,600	62.7	20~22
会23. 3予	200,000	19,000	18,000	12,500	(22.10.28発表)	

【配当】	配当金(円)
21. 3	10
21. 9	10
22. 3	26
22. 9	20
23. 3予	22~24
23. 9予	20~22
24. 3予	22~27

予想配当利回り 2.52%
1株純資産(円)〈連22. 9〉 891.8（793.6）

【本社】174-8580東京都板橋区蓮沼町75-1
☎03-3966-3141
【工場】本社
【従業員】〈22.3〉連5,248名 単678名(44.1歳)年792万円
【証券】上東京P 幹(主)野村(副)三菱Uモル, みずほ, 日興 名三井住友信 監EY新日本
【銀行】三井住友, 三菱U, みずほ, 三井住友信, 三菱U信
【仕入先】レクザム
【販売先】ー

2023年1集

https://www.topcon.co.jp/

め、ＩＴ農業の本命でありながら、ＥＳＧファンドでは組み入れられにくい銘柄です。ただ、私の記憶が誤りでなければニッセイ・アセットのＥＳＧファンドが一時期熱心に同社を追っていたはずです。

売上高は22年３月期が１７６４億円、23年３月期予想が２０８０億円、24年３月期予想が２２３０億円で、増収率はそれぞれ今期＋18％、来期＋７％です。営業利益は22年３月期が１５９億円、23年３月期予想が１９５億円、24年３月期予想が２

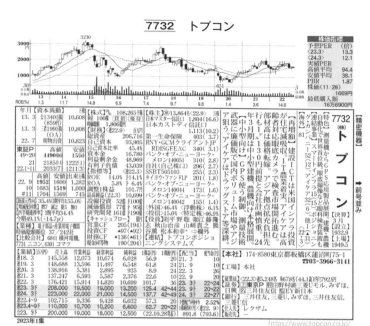

20億円で、それぞれ増益率は今期+23%、来期+13%の伸びです。

予想PERは23年ベースで13・3倍、24年ベースで12・1倍と概ね市場平均レベル。PBRも1・87倍と決して割安ではありませんが、PEGレシオは0・74倍/%、PSRは0・86倍とこちらは割安です。また予想配当利回りも2・52%と市場平均並みです（この時点の市場平均配当利回りは、2・54%）。

その後の株価推移ですが、分析当初の22年12月16日時点は1582円、直近23年7月14日時点で1960・5円、+23・9%で推移しています。

5136 tripla

超小型：時価総額80・8億円

テーマ：健康と安全の確保

アフターコロナで活躍が期待されるホテルや旅館にシステムを導入する会社

コロナによる外食禁止や渡航禁止が与えた社会的な影響は計り知れません。これが明けてくるときに、どの会社が世のため人のために貢献し、また恩恵を受けるのか。特に、人

5136 tripla

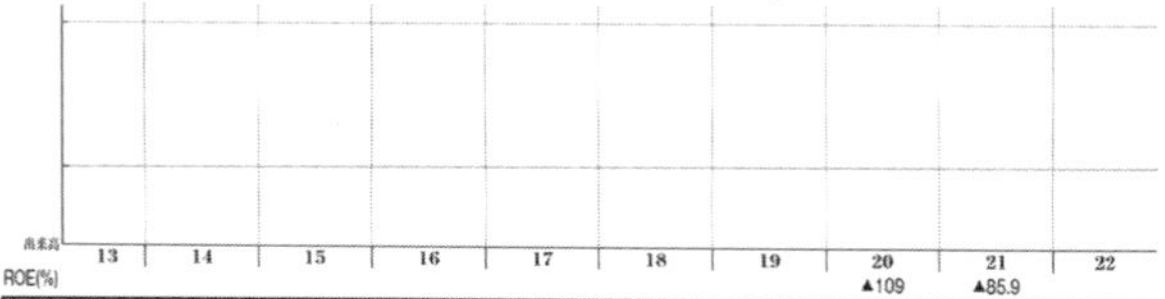

【株価指標】
予想PER (倍)
〈22.10〉 141.9
〈23.10〉 43.8
実績PER
高値平均 —
安値平均 —
PBR 43.96
株価(11/28) 1532円
最低購入額 15万3200円

【情報・通信】

5136 tripla

【決算】10月
【設立】2015.4
【上場】2022.11

【特色】ホテルや旅館向けに予約サイトや会話ツール、決済システムを提供。台湾などアジア圏へ展開
【単独事業】ホスピタリティソリューション100 〈21・10〉

【大幅増益】23年10月期は宿泊施設向けシステムが知名度向上や営業強化奏功し契約件数増加。ホテルも訪日客復活で上向き、手数料収入が順調増。エンジニア採用による人件費増などをこなし、営業大幅増益。

【資金使途】上場調達資金でエンジニアを採用し、予約システムや新機能追加などサービスを拡充。借入金の返済も進め、財務基盤を強化。旅館の新規開拓を推進。

年月	【資本異動】	万株
22. 7	分1→200	462
22.11	公66万株(800円)	528
22.12払	三者15万株(OA)	543

東証Ⓖ	高値	安値
22.1~11	1805(11)	1495(11)

	高値	安値	出来万株
#11	1805	1495	920

【総還元性向】—(3期平均—)
【増減配回数】増0 減0 据0 無1
【四半期進捗率】3期平均—%
今期26.6%(—pt)
【業種】外食・娯楽サービス
時価総額順位 104/157社
【比較会社】6191 エアトリ, 4256 サインド, 9258 CS—C

【株式】10/31 4,620千株
単位 100株
時価総額 80.8億円
【財務】〈単22.7〉 百万円
総資産 1,439
自己資本 161
自己資本比率 11.2%
資本金 388
利益剰余金 ▲996
有利子負債 239
【指標等】〈単21.10〉
ROE ▲85.9% 予31.1%
ROA ▲14.1% 予 3.5%
調整1株益 —円
最高純益(17.10) ▲38
設備投資 0 予 0
減価償却 4 予 ‥
研究開発 0 予 0
【キャッシュフロー】百万円
営業CF 166(▲239)
投資CF 0(▲14)
財務CF ▲4(278)
現金同等物 778(611)

【株主】単28名〈22.10〉 万株
鳥生格 114(24.6)
高橋和久 76(16.4)
イノベーション・エンジン産業創出投資事業組合 36(7.8)
MSIVC2018V投資事業組合 35(7.7)
リード・グロース3号 34(7.5)
ALL—JAPAN観光立国 18(4.0)
NREGイノベーション1号 16(3.4)
JR東日本スタートアップ 12(2.7)
イノベーションエンジンPOC 11(2.4)
CSAJスタートアップF 11(2.4)
〈外国〉 0.0% 〈浮動株〉 0.0%
〈投信〉 0.0% 〈特定株〉79.3%

【役員】(取)高橋和久 鳥生格 岡義人 山本雅輝* (常監)山添千加美* (監)阿曾友淳* 田端聡朗*

【業績】(百万円)	営業収益	営業利益	経常利益	純利益	1株益(円)	1株配(円)
単20.10*	295	▲319	▲296	▲303	▲65.8	0
単21.10*	506	▲136	▲132	▲128	▲27.8	0
単22.10予	800	65	60	50	10.8	0
単23.10予	1,180	260	225	190	35.0	0
単22.11~4予	500	100	90	70	12.9	0
単21.11~7	554	17	18	11	2.5	
会22.10予	798	64	61	47	(22.10.20発表)	

【配当】	配当金(円)
20.10	0
21.10	0
22.10予	0
23.10予	0
予想配当利回り	—%
1株純資産(円)〈単22. 7〉	34.9 (32.4)

【本社】104-0033東京都中央区新川1-22-13
☎03-6276-6553
【オペレーションセンター】札幌
【支店】台湾
【従業員】〈22.9〉 71名(35.3歳)[年]576万円
【証券】[上]東京Ⓖ [幹](主)大和(副)マネックス, みずほ, 楽天 [名]みずほ信 [監]A＆Aパートナーズ
【銀行】三井住友, みずほ, 政策公庫
【仕入先】—
【販売先】大和ハウスリアルティマネジメント

2023年1集
https://tripla.io/

の心に明るさを取り戻すところに関わる会社が期待できるでしょう。

その意味で、最もわかりやすいのが旅行関連ですが、どストレートにホテルや航空産業というイメージを持つことも良いのですが、やはり投資は「風が吹けば、桶屋が儲かる」というイメージで、まだみんなが気付いていない隠れた銘柄を連想的に探すほうが、楽しくてチャンスも大きい、というところがあります。

ｔｒｉｐｌａは、「特色」を

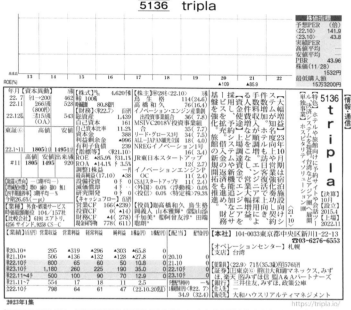

見ると「ホテルや旅館向けに予約サイトや会話ツール、決済システムを提供。台湾などアジア圏へ展開」とあり、宿泊施設を裏側から支えていることが窺えます。特に、ホテルや旅館など旅行系の産業は「装置産業」と言われるように、場所・建物が固定されて、そこにお客さんが来なければ成り立たない商売ですが、宿泊施設のバックサイドのシステムを手掛ける商売は、ホテルの数だけ仕事があるということですから発展性と柔軟性が高いと推測できます。

業績面を見ると、20年10月期の売上高がわずか2・9億円だったものが、翌21年10月期には倍の5億円、今期22年10月期は8億円、来期23年10月期に至っては11億円と、いわゆる倍々ゲームで伸びる予想となっています。他方、営業利益は2期連続赤字だったわけですが、これも今期22年10月期から黒字転換予想で、来期は一気に2・6億円へと拡大する見通しで、スピード感のある成長が期待されます。また、営業利益率も今期ベースでは8%前後ですが、来期には22%に跳ね上がる見通しで、稼ぐ力も伸びていく様子です。

チャート欄を見るとわかりますが、同社はIPO（上場）してまだ1カ月しか経っておらず、データが揃わないためチャートも真っ白です。時価総額は80億円と超小型です。

このようなステージの会社は、PERやPBRなどのバリュエーションが非常に高く出る傾向にあります。実際、ｔｒｉｐｌａの場合、今期予想ベースのＰＥＲは１４１倍、来期予想ベースでも43倍です。またＰＢＲも43倍で、異常値と言えるほど高く出ています。

ところが、ＰＥＧレシオで計算すると違った側面が見えます。今期ベースのＰＥＲが高すぎるため、あえて来期ベースで試算するとＰＥＧは０・74倍／％と極めて割安な結果が出ます。これは、成長度を加味しているからで、このような超小型でＩＰＯも間もなく、かつ成長カーブが急な会社は、すこし応用的にバリュエーションも見るべきです。

その後の株価推移ですが、分析時点の22年12月16日で１７２５円でしたが、足元23年7月14日時点で２３４０円、＋35・７％で推移しています。

２１０８　日本甜菜製糖

小型：時価総額２５５億円　テーマ：環境対策

クリーンな航空燃料ＳＡＦの開発に取り組む老舗の製糖会社

設立が１９１９年という老舗の製糖会社です。既に１００年を超える歴史がありますす

2108　日本甜菜製糖

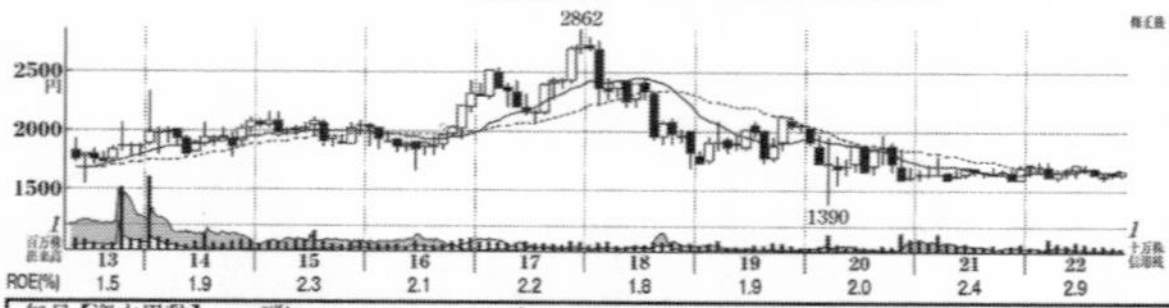

株価指標

予想PER	（倍）
〈23.3〉	32.1
〈24.3〉	18.8
実績PER	
高値平均	17.3
安値平均	13.1
PBR	0.33
株価（11/28）	1667円
最低購入額	16万6700円

【食料品】

2108 日《にっ》本《ぽん》甜《てん》菜《さい》製《せい》糖《とう》

⬆⬆大幅増額

【決算】3月　【設立】1919.6　【上場】1949.5

【特色】製糖準大手。国産ビート糖首位。ビート作況や砂糖市況影響大。収益柱は飼料と不動産。好財務
【連結事業】砂糖65（▲1）、食品4（▲1）、飼料19（12）、農業資材7（4）、不動産3（58）、他2（1）〈22・3〉

【一転黒字】主力の砂糖が数量戻り歩調、飼料も増勢。穀物原料や燃料の高騰痛いが、原料糖市況落ち着き棚卸評価損が想定より縮小。前号から一転営業黒字に。24年3月期も砂糖復調。ただ石炭高重しで戻りは鈍い。

【再　開】コロナ禍で中断していた農業資材の海外展開を再開、海外事業部も新設し本腰。微細藻類の培養技術発展させて持続可能な航空燃料（SAF）等への展開模索。

年月【資本異動】		万株
80.10	無1：0.1	11,404
84.11	無1：0.05	13,817
85.11	無1：0.1	15,321
16.10	併10→1	1,532

東証P	高値	安値
49~20	2862(17)	44(50)
21	1788(3)	1575(1)
22.1~11	1749(3)	1592(9)

	高値	安値	出来万株
22. 9	1650	1592	26
10	1656	1606	21
#11	1680	1614	16

【総還元性向】80.2%（3期平均65.0%）
【増減配回数】増1 減1 据8 無0
【四半期進捗率】3期平均63.8%
今期195%（+131pt）
【業種】食品
時価総額順位 79/171社
【比較会社】2109 DM三井糖，2114 フジ日本糖，2117 日新製糖

【株式】10/31 15,325千株
単位 100株　貸借
時価総額 255億円

【財務】〈連22.9〉	百万円
総資産	92,325
自己資本	67,587
自己資本比率	73.2%
資本金	8,279
利益剰余金	45,241
有利子負債	4,418

【指標等】	〈連22.3〉	
ROE	2.9%	予1.0%
ROA	2.0%	予0.8%
調整1株益		一円
最高純益(96.3)		2,125
設備投資	2,340	予2,076
減価償却	2,409	予2,380
研究開発	644	予 640

【キャッシュフロー】	百万円
営業CF	2,577（▲181）
投資CF	489（▲2,736）
財務CF	1,381（▲1,124）
現金同等物	11,150（6,701）

【株主】単10,794名〈22.9〉	万株
自社(自己株口)	183(11.9)
日本マスター信託口	132(8.6)
明治ホールディング	113(7.3)
自社共栄会	87(5.7)
日本カストディ信託口	51(3.3)
農林中央金庫	51(3.3)
東京海上日動火災	42(2.7)
みずほ銀行	35(2.3)
NPNEXPHLD	32(2.0)
DM三井製糖HLD	26(1.7)

〈外国〉8.2%　〈浮動株〉21.2%
〈投信〉‥%　〈特定株〉50.0%

【役員】(会)惠本司 (社)石栗秀 (副)八巻唯史 木山邦樹 寺澤秀和 淺羽茂* 橋本秀一* 中村規代実* (常監)藤崎裕之 森山英二 (監)増本善丈* 鏡高志*

【連結】ニッテン商事，スズラン企業，十勝鉄道

【業績】(百万円)	売上高	営業利益	経常利益	純利益	1株益(円)	1株配(円)
連18. 3	58,895	1,584	1,983	1,223	86.5	50
連19. 3	57,997	1,577	2,037	1,324	93.4	80記
連20. 3	57,021	1,614	2,085	1,340	94.4	50
連21. 3	54,792	1,889	2,349	1,642	115.9	50
連22. 3	58,492	2,229	2,818	1,975	141.8	50
連23. 3予	66,000	600	1,000	700	51.9	50
連24. 3予	69,000	1,200	1,600	1,200	88.9	50
連22.4~9	30,501	1,172	1,426	981	72.8	0
連23.4~9予	32,000	1,300	1,500	1,100	81.5	0
会23. 3予	66,000	600	1,000	700	（22.11.8発表）	

【配当】	配当金(円)
18. 3	50
19. 3	80
20. 3	50
21. 3	50
22. 3	50
23. 3予	50
24. 3予	50
予想配当利回り	3.00%
1株純資産(円)〈連22. 9〉	5,009（5,037）

【本社】108-0073東京都港区三田3-12-14
ニッテン三田ビル　☎03-6414-5522
【支社】060-0003札幌市中央区北3条西4　☎011-261-6141
【工場】芽室，美幌，士別，清水
【従業員】〈22.9〉連778名 単631名(43.4歳)[年]633万円
【証券】[上]東京P [幹]大和 [名]三菱U信 [監]あずさ
【銀行】農中，みずほ，三菱U，北洋
【仕入先】甜菜耕作者
【販売先】明治フードマテリア

2023年1集

https://www.nitten.co.jp/

が、時価総額は255億円と小型株に分類される規模です。

注目したのはコメント欄の「微細藻類の培養技術発展させて持続可能な航空燃料（SAF）等への展開模索」です。ポイントは「持続可能な航空燃料（SAF）」で、SAFはバイオマスや廃食油、都市ごみなどを活用する、脱炭素に向けたクリーンな航空燃料として注目されています。特にヨーロッパでは、EUが各航空会社にSAFの使用を義務づける動きが始まっています。

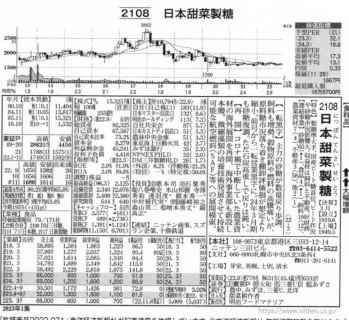

今後ＥＵ内の空港を利用する航空会社は、２０２５年には２％のＳＡＦの使用が義務付けられます。さらに２０３０年には６％、35年には20％、50年には70％と段階的に引き上がります。このＳＡＦの製造が最も盛んなのがフィンランドで、ここで多く使われているのが飲食店で使用された揚げ物用の天ぷら油です。

フィンランドでは使用後の天ぷら油を日本から輸入するケースも多く、日本の商社が仲介しています。

日本は飲食店が多く、各飲食店は使用後の天ぷら油を基本的に産業廃棄物として業者にお金を払って引き取ってもらっていました。ところがＳＡＦに使用できるということで、逆に買い取ってもらう仕組みができました。

そこから日本の飲食店では、使用後の天ぷら油を商社経由でフィンランドに売る動きが進んでいます。この油からつくられたＳＡＦが航空燃料となり、ＪＡＬなど日本の航空会社が、フィンランドから買う流れが起きているのです。

日本の飲食店から出た油がフィンランドで加工され、それをさらに日本の航空会社が逆輸入して使うという何とも歯がゆい状態が続いていました。そこに生まれた新たな動きが、国内産のＳＡＦをつくるという話です。

日本甜菜製糖がもともと持っていた微細藻類の培養技術を応用することで、ＳＡＦをつくれるのではないかという模索段階ですが、先行きに期待したいところです。

業績的には、売上高が22年３月期は５８４億円、23年３月期予想は６６０億円、24年３月期予想は６９０億円で、今期＋13％増収、来期＋５％増収です。一方で営業利益は22年３月期は22億円だったものの、23年３月期予想は６億円と大幅に減少、来期24年３月期に12億円にやや回復するといった見通しで、やや頼りない印象です。

ただ予想配当利回りが３％と高く、財務面でも自己資本比率が73・２％と極めて好財務です。

好財務ということもあり、ＰＢＲは０・33倍とやはり財務面でも割安です。利益鈍化の関係でＰＥＲもＰＥＧレシオも高く出ますが、一方でＰＳＲで見ると０・38倍と非常に低く、たとえばコメントにあるＳＡＦなどの新規事業で芽が出れば、成長の可能性はあるでしょう。

ＰＢＲが極端に低い場合、東証によるＰＢＲ是正の動きも相まって、増配や自己株買いをするケースが多くなっています。実際、同社も自己株買いには熱心な一社です。

その後の株価推移ですが、分析時点の22年12月16日時点で１６２０円でしたが、直近23

年7月14日時点で1872円、+15・6%で推移しています。

6866 HIOKI

中型:時価総額988億円　テーマ:環境対策

テスターで脱炭素関連に幅広く関わる超優良企業

『会社四季報』ではHIOKIとありますが、登記社名は日置電機株式会社です。テスターなど電機測定器の中堅メーカーで、一見すると地味ですが、コメントにもあるとおり「脱炭素化へ電力効率化計測需要活発で受注高水準」で、「電子測定器がEV、太陽光発電向け拡大」、これを受け「営業大幅増益。配当性向40%」と鼻息の荒さを感じます。加えて「バッテリー材料からEVリユース劣化診断等リサイクルまで検査機投入し循環型経済対応」と、流行りのサーキュラーエコノミー対応まで謳っており、この脱炭素の分野で確たるポジションを築きつつあるように感じます。

財務面でも、自己資本比率は83・1%と超好財務体質で、無借金のうえ、現金同等物も

6866 HIOKI

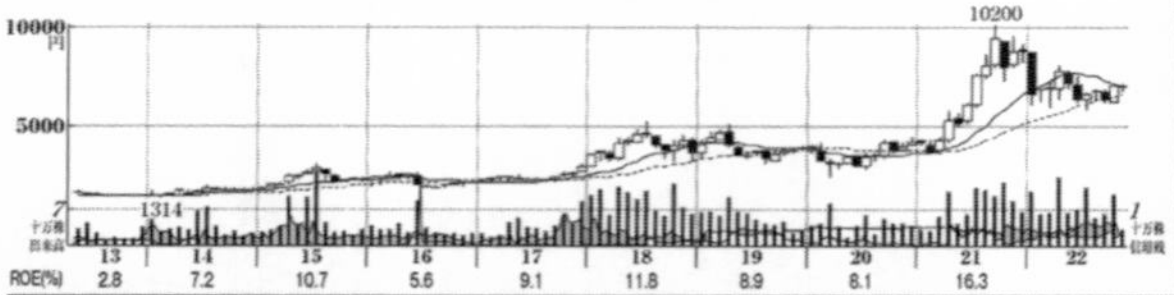

株価指標	
予想PER	(倍)
〈22.12〉	16.9
〈23.12〉	14.4
実績PER	
高値平均	30.3
安値平均	15.1
PBR	3.06
株価(11/28)	7050円
最低購入額	70万5000円

【電気機器】 ➡前号並み ㊦会社比強気

6866 HIOKI (登記社名 日置電機)
【決算】12月 【設立】1952.1 【上場】1991.7

【特色】各種テスターなど電気測定器の中堅メーカー。電子測定器、現場測定器に注力。アジア展開強化
【連結事業】自動試験装置11、記録装置15、電子測定器48、現場測定器21、周辺装置他5 【海外】59〈21・12〉

【続　伸】脱炭素化へ電力効率化計測需要活発で受注高水準。円安寄与。営業大幅増益。配当性向40％。23年12月期は電子測定器がEV、太陽光発電向け拡大。電池の潜在不良検出需要深耕。部材調達改善。営業増益。
【全工程】バッテリー材料からEVリユース劣化診断等リサイクルまで検査機投入し循環型経済対応。車載信号検知、高電圧インバーター計測のパワーアナライザー発売。

年月	【資本異動】	万株
04. 8	公40万株 (1983円)	1,266
04. 9	三者8.52万株 (OA)	1,274
05. 8	分1→1.1	1,402

東証P	高値	安値
91~20	5230(18)	444(99)
21	10200(9)	3645(2)
22.1~11	8880(1)	5770(7)

	高値	安値	出来万株
22. 9	6850	6250	61
10	7100	6170	99
#11	7190	6700	35

【総還元性向】49.8％(3期平均48.4％)
【増減配回数】増6 減4 据0 無0
【四半期進捗率】3期平均73.4％ 今期70.9％(▲2.5pt)
【業種】電子部品・産業用電子機器 時価総額順位 55／242社
【比較会社】6850 チノー，6912 菊水HLD，6867 リーダ電子

【株式】9/30 14,024千株 単位 100株 貸借 時価総額 988億円
【財務】〈連22.9〉 百万円
総資産 37,896
自己資本 31,492
自己資本比率 83.1％
資本金 3,299
利益剰余金 24,317
有利子負債 0
【指標等】〈連21.12〉
ROE 16.3％ 予18.1％
ROA 12.4％ 予15.0％
調整1株益 一円
最高純益(21.12) 4,521
設備投資 914 予2,560
減価償却 1,121 予1,161
研究開発 2,725 予3,200
【キャッシュフロー】百万円
営業CF 4,695(4,207)
投資CF ▲826(▲1,018)
財務CF ▲1,434(▲885)
現金同等物 14,237(11,542)

【株主】単6,584名〈22.6〉	万株
日本マスター信託口	170(12.1)
自社社員持株会	80(5.7)
日置恒明	80(5.7)
日本カストディ信託口	73(5.2)
日置勇二	71(5.1)
八十二銀行	66(4.7)
日置妙子	57(4.0)
明治安田生命保険	51(3.6)
自社(自己株口)	37(2.6)
日置秀雄	35(2.5)

〈外国〉7.2％ 〈浮動株〉13.8％
〈投信〉8.7％ 〈特定株〉52.5％
【役員】(社)岡澤尊宏 (取)巣山芳計 久保田訓久 鷹野保直 田中茂* 大辻純夫* (常監)竹内繁弘 大野俊子 (監)小川直樹* 弓場法*
【連結】日置フォレストプラザ，HIOKI・USA，日置上海

【業績】(百万円)	売上高	営業利益	経常利益	純利益	1株益(円)	1株配(円)
連19.12	22,810	2,853	2,967	2,197	161.3	90
連20.12	21,664	2,469	2,646	2,071	151.9	60
連21.12	29,322	5,750	5,999	4,521	331.4	165記
連22.12予	35,000	7,400	7,600	5,700	417.5	165
連23.12予	39,000	8,800	9,000	6,700	490.8	200
連22.1~6	15,882	3,140	3,401	2,503	183.4	80
連23.1~6予	19,500	4,400	4,500	3,350	245.4	100
連21.1~9	21,535	4,299	4,494	3,393	248.7	
連22.1~9	24,888	4,967	5,287	3,992	292.5	
会22.12予	34,000	7,010	7,200	5,410	(22.4.12発表)	

【配当】	配当金(円)
20.12	40
21. 6	65
21.12	100
22. 6	80
22.12予	85
23. 6予	100
23.12予	100
予想配当利回り	2.34％
1株純資産(円)〈連22. 9〉	2,307 (2,158)

【本社】386-1192長野県上田市小泉81 ☎0268-28-0555
【工場】本社，坂城
【支店】東北，長野，金沢，北関東，首都圏，横浜，静岡，名古屋，大阪，福岡
【従業員】〈22.9〉連1,004名 単754名(45.9歳)年923万円
【証券】上東京P 幹(主)大和(副)みずほ，野村，長野 名三菱U信 監太陽
【銀行】八十二，みずほ，三井住友，三菱U信
【仕入先】マクニカ
【販売先】日本電計

2023年1集 https://www.hioki.co.jp/

142億円とキャッシュリッチです。

業績面がコメントの雰囲気どおり素晴らしく、売上高は21年12月期は293億円、22年3月期予想で350億円、23年3月期予想は390億円と順調に伸び、それぞれ増収率は今期+19%、来期+11%です。また、営業利益は21年3月期は57億円、22年3月期予想は74億円、23年3月期予想が88億円で、増益率はそれぞれ今期+29%、来期+19%と、高い伸びを示しています。また、営業利益率は21%と

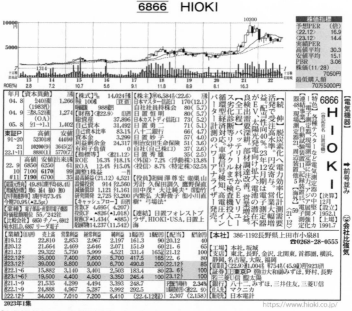

極めて高く、稼げる会社だということもわかります。

株価バリュエーションでは、ＰＥＲは平均並み、ＰＢＲでは比較的割高に見えますが、ＰＥＧレシオは０・76倍／％と割安です。ＰＳＲは２・82倍とやや高めですが、成長度を踏まえれば十分買える水準と見て良いでしょう。

株価推移は、分析時点の22年12月16日時点で６５５０円でしたが、直近23年７月14日時点で８８７０円、＋35・４％で推移しています。

【2023年2集・春号　発行月：2023年3月】

1789　ＥＴＳホールディングス

超小型：時価総額37・1億円
テーマ：環境対策

「デジタル田園都市国家構想」で受注が10倍（？）の送電線工事会社

送電線や内線工事が主体で、太陽光発電工事も行っている会社です。注目したのがコメ

1789　ETSHLD

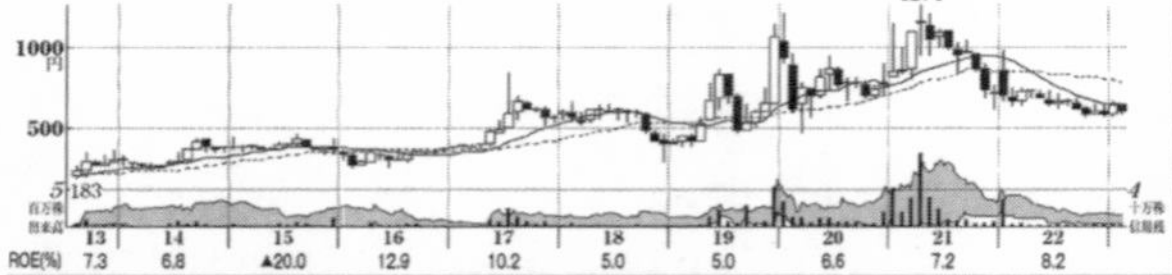

株価指標
予想PER　(倍)
〈23.9〉　24.7
〈24.9〉　13.2
実績PER
高値平均　42.2
安値平均　21.0
PBR　1.45
株価(2/27)　582円
最低購入額　5万8200円

【建設】

1789
(株)ETSホールディングス

【特色】送電線、内線工事が主体。通信向けも育成。電力は東北電からの受注が主力。建物管理事業も
【連結事業】電気工事85(4)、建物管理・清掃15(9)、他1(▲56)〈22・9〉
【決算】9月
【設立】1935.12
【上場】1995.2

➡前号並み

【減　配】送電、設備事業とも資材価格高騰で利益率低下の影響残る。が、設備事業で期ずれの太陽光発電工事など本格化でカバー。利益率も徐々に改善。建物管理は安定推移。営業益続伸。訴訟損失引当金計上で純益は前号比減額。記念配落とし減配。
【急拡大】東電の受注が前期比10倍以上に急拡大。今後は東北電と2本柱に。政府の電力広域ネットワーク関連受注が本格化。

年月【資本異動】　万株
94. 2　分1→1.1　378
95. 2　公65万株(1610円)　443
96.11　分1→1.1　488

東証S	高値	安値
95~20	2300(95)	75(09)
21	1274(4)	622(12)
22	980(1)	558(12)

	高値	安値	出来万株
22.12	655	558	28
23. 1	658	558	31
#2	640	578	17

【ROE改善度】▲0.7pt(6.6%)
【ネットキャッシュ】5.5億円(6.7億)
【採用】初20.9万円
予10 院定2(女0) 中途5
【業種】設備工事
時価総額順位 42／47社
【比較会社】1734 北弘電社, 1775 富士古河E, 1960 サンテック

【株式】½　6,375千株
単位 100株 貸借 優待
時価総額 37.1億円
【財務】〈連22.12〉　百万円
総資産　7,589
自己資本　2,564
自己資本比率　33.8%
資本金　989
利益剰余金　988
有利子負債　2,930
【指標等】〈連22.9〉
ROE　8.2%　予5.9%
ROA　3.2%　予2.0%
調整1株益　―円
最高純益(94.9)　521
設備投資　165　予‥
減価償却　142　予‥
研究開発　‥　予‥
【キャッシュフロー】　百万円
営業CF　▲218(▲306)
投資CF　264(▲721)
財務CF　275(578)
現金同等物　2,151(1,829)

【株主】㊥7,843名〈22.9〉　万株
アムス・インターナショナル　185(29.1)
徳原榮輔　89(14.1)
アムスホテル館山　30(4.7)
(株)カンナリゾートヴィラ　30(4.7)
ハウス建装　30(4.7)
ホテルズ(株)　30(4.7)
阿曽康弘　3(0.5)
柴田克之　3(0.5)
NKKスイッチ　3(0.4)
齋賀裕樹　3(0.4)
〈外国〉0.7%　〈浮動株〉24.5%
〈投信〉0.0%　〈特定株〉64.4%
【役員】(社)加藤慎章 (常)榊原範昭 (取)小島康壽 姫野泰光 日下直 上江洲剛 若狭正幸* 黒川弘務* (常監)吉野寛記 (監)石原毅* 小嶋義政*
【連結】東京管理, 岩井工業所, ユウキ産業, 中央電氣建設

【業績】(百万円)	売上高	営業利益	経常利益	純利益	1株益(円)	1株配(円)
連20. 9	5,700	148	156	151	23.8	5
連21. 9	4,900	258	259	175	27.5	5
連22. 9	6,688	266	263	212	33.4	7記
連23. 9予	7,070	300	270	150	23.6	5
連24. 9予	7,500	410	350	280	44.0	5
連21.10~3	3,000	142	145	98	15.4	0
連22.10~3予	2,500	105	90	60	9.4	0
連21.10~12	1,382	▲10	▲8	▲16	▲2.6	
連22.10~12	1,674	▲5	9	▲61	▲9.6	
会23. 9予	7,066	301	271	190	(22.11.21発表)	

【配当】	配当金(円)
17. 9	5
18. 9	5
19. 9	5
20. 9	5
21. 9	5
22. 9	7
23. 9予	5

予想配当利回り　0.86%
1株純資産(円)〈連22.12〉
402.7 (419.1)

【本社】171-0022東京都豊島区南池袋1-10-13 荒井ビル　☎03-5957-7661
【主要子会社】東京管理☎03-5954-7171, 岩井工業所☎086-263-7181, ユウキ産業☎06-6696-3001, 中央電氣建設☎0883-72-4411
【従業員】〈22.12〉連224名 単145名(36.9歳)年519万円
【証券】上東京S 幹(主)大和興日興, 三菱Uモル, みずほ 名三井住友信 監グラヴィタス
【銀行】三井住友, きらぼし, 三井住友信
【仕入先】ハンセン・ジャパン
【販売先】東北電力ネットワーク

2023年2集　http://ets-holdings.co.jp/

ント欄の「急拡大」の見出しに続く「東電の受注が前期比10倍以上に急拡大。今後は東北電と2本柱に。政府の電力広域ネットワーク関連受注が本格化」のくだりです。

おそらく岸田政権が2021年に打ち出した「デジタル田園都市国家構想」を受けてのものでしょう。岸田政権ではデジタル技術を使った地域活性化を進めるため、光ファイバーや5Gなどに対応する通信網や送電網の整備を全国で行おうとしています。

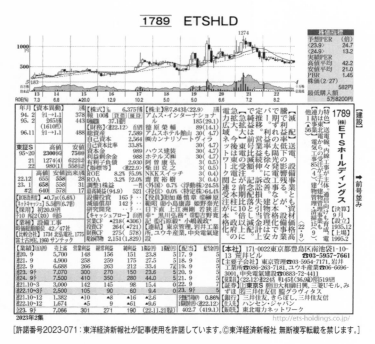

既に閣議決定され、大規模な予算もついています。今後、工事はどんどん増えていくのは確実で、その受注先の一つにこの会社が含まれていることが、コメント欄から推察できます。特に、コメントにもあるとおり受注先は好調の東電に加えて東北電力も加わるとのことで、先行きは明るいと予想できます。

業績的には、売上高は22年9月期が66億円、23年9月期予想が70億円、24年3月期予想が75億円で、それぞれ増収率は今期＋6％、来期＋6％の伸びです。営業利益は、22年9月期は2億6600万円、23年3月期予想が3億円、24年3月期予想が4億1000万円で、それぞれ増益率は今期＋13％、来期＋37％と尻上がりに利益が伸びる見通しです。ここに、コメント欄にある「東電の受注10倍」の流れを汲み、東北電力分も同じように拡大しながら加算される余地があるとすれば、ひょっとすると将来的に業績予想の上方修正もありうるかもしれません。

株価バリュエーション上は、PER、PBR共に割高ですが、この手の超小型銘柄の場合はそのようになることが多いので気にする部分ではありません。むしろ、PEGレシオでしっかり見るべきですが、東洋経済方式（増収率方式）では1・53倍／％、複眼経済方式（営業増益率方式）では0・97倍／％と非常に割安に出てきます。これは、先ほどの業績面で見たとおり、営業利益の来期の伸びが大きいためです。

ではその後の株価の値動きはどうかというと、まだ分析時点から4カ月間と期間が短いものの、当初23年3月17日時点で570円でしたが、直近23年7月14日時点で662円、+16・1%で推移しています。

7366 LITALICO

中型：時価総額883億円

テーマ：健康と安全の確保、子供主役

おそらく日本で最も世のため人のためを地で行く障害者就労支援会社

障害者就労支援に加え、福祉施設の運営支援も行っている社会課題の解決を地で行くような会社です。セルフESGの中でも、特に私が応援したい会社です。

創業者の佐藤崇弘氏は、まだ40代と若手ですが、異色の経歴の持ち主で、元々医者志望でしたが医学部受験に失敗し、そこから起業家志望に転じ、親族の中に障害を持つ叔父さんがいたことがキッカケとなってLITALICOを創業した、という方です。

7366 LITALICO

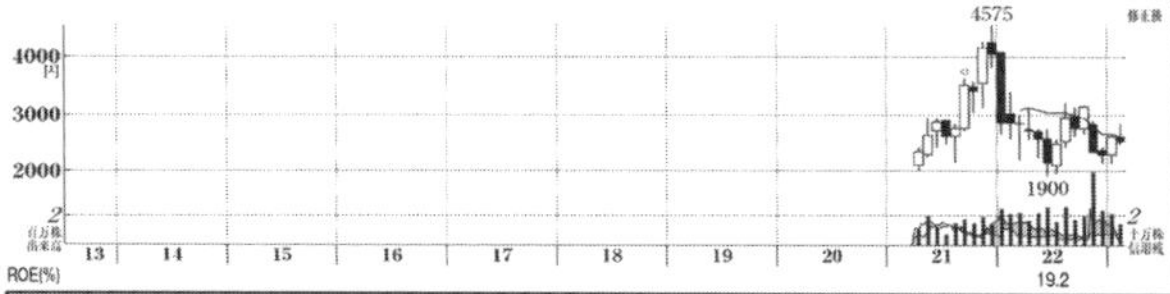

株価指標	
予想PER	(倍)
〈23.3〉	60.9
〈24.3〉	38.4
実績PER	
高値平均	150.9
安値平均	66.1
PBR	13.36
株価(2/27)	2479円
最低購入額	24万7900円

【サービス】 7366 (株)LITALICO ➡前号並み

【特色】障害者就労支援が柱。障害児支援に加え福祉施設の運営支援を育成。21年4月にテクニカルプ上場

【連結事業】ワークス43(39)、ジュニア34(20)、プラットフォーム9(13)、他13(0) 〈22・3〉

【決算】3月 【設立】2020.4 【上場】2021.4

【大幅増益】新設は就労支援14、障害児支援15。施設運営支援のシステム値上げ効き、営業益好伸。24年3月期は買収の介護事業等乗る。就労、障害児支援ともに新設数が拡大。営業益水準跳ね上がる。連続増配も。

【介護進出】リハビリ特化デイサービス運営企業を1月買収。介護SaaSの子会社との相乗効果狙う。2月に障害者就労支援企業と精神科特化の訪問看護企業も買収。

年月	【資本異動】	万株
21. 4	交換	1,774
21. 5	現物出資	1,775
21.10	分1→2	3,560
22. 3	消却	3,561
22. 5	現物出資	3,563

東証P	高値	安値
21	7270(9)	3055(10)
22	4095(1)	1900(6)

	高値	安値	出来万株
22.12	2416	2162	233
23. 1	2676	2165	211
#2	2856	2437	156

【ROE改善度】 —pt(—%)
【ネットキャッシュ】▲38.0億円(—倍)
【採用】 初21.9万円
予増加 内定‥ (女‥) 中途‥
【業種】 他個人サービス・製品
時価総額順位 8/110社
【比較会社】 6556 ウェルビー, 2749 JPHLD, 9783 ベネッセH

【株式】1/31 35,648千株
単位 100株 [貸借]
時価総額 883億円

【財務】〈連22.12〉	百万円
総資産	16,642
自己資本	6,615
自己資本比率	39.7%
資本金	464
利益剰余金	5,652
有利子負債	7,367

【指標等】	〈連22.3〉	
ROE	19.2%	予21.9%
ROA	7.5%	予 8.7%
調整1株益		30.2円
最高純益(22.3)		1,078
設備投資	1,265	予 ‥
減価償却	686	予 ‥
研究開発	0	予 ‥

【キャッシュフロー】	百万円	
営業CF	1,692	(—)
投資CF	▲2,759	(—)
財務CF	2,109	(—)
現金同等物	2,282	(—)

【株主】㊥2,351名〈22.9〉	万株
長谷川敦弥	979(27.4)
日本マスター信託口	371(10.4)
椚田誉輝	340(9.5)
日本カストディ信託口	323(9.0)
佐藤崇弘	277(7.7)
MSIPクライアントセキュリティーズ	104(2.9)
バンク・オブ・ニューヨーク 133652	95(2.6)
MLIジェネラルオムニノンコラテラルノントリーティ	66(1.8)
自社従業員持株会	56(1.5)
第一生命保険	50(1.4)

〈外国〉19.3% 〈浮動株〉2.6%
〈投信〉11.9% 〈特定株〉75.1%

【役員】(会)長谷川敦弥 (社)山口文洋 (副社)辻高宏 (取監)北村康央* 彌野泰弘* 小室淑恵* (4.1予)
【連結】LITALICOパートナーズ

【業績】(百万円)	売上高	営業利益	経常利益	純利益	1株益(円)	1株配(円)
連22. 3	19,737	2,444	2,241	1,078	30.3	5
連23. 3予	24,000	3,100	2,850	1,450	40.7	6.5
連24. 3予	30,800	5,000	4,750	2,300	64.5	6.5~7
連22.4~9	11,405	1,348	1,219	662	18.6	0
連23.4~9予	13,700	1,650	1,450	680	19.1	0
連21.4~12	14,567	1,700	1,560	812	22.9	
連22.4~12	17,472	2,242	2,030	1,115	31.3	
会23. 3予	24,000	3,100	2,850	1,450	(22.5.9発表)	

【配当】	配当金(円)
22. 3	5
23. 3予	6.5
24. 3予	6.5~7
予想配当利回り	0.26%
1株純資産(円)〈連22.12〉	185.6 (157.4)

【本社】153-0051東京都目黒区上目黒2-1-1
☎03-5704-7355
【グループ拠点】LITALICO45, LITALICOパートナーズ244
【従業員】〈22.12〉連3,050名 単672名(32.2歳)年526万円
【証券】上東京P 幹(主)野村(副)三菱Uモル, みずほ 名三井住友信 監EY新日本
【銀行】三菱U, 三井住友, りそな, みずほ, 横浜, 千葉
【仕入先】オフィス空間
【販売先】国民健康保険団体連合会, 個人

2023年2集
https://litalico.co.jp/

早くから注目していたこともあり、実は上場間もない2017年頃より継続して投資していましたが、2021年に株価がピークアウトしたこともあって一旦引き上げていました。この2023年春号で、そろそろ底をつけてきているかという印象もあり、元々好きな会社なので久々に再エントリーしてみよう、というものです。

コメント欄には「大幅増益」という見出しで「就労、障害児支援と共に新設数が拡大。営業益水準跳ね上がる。連続増配」

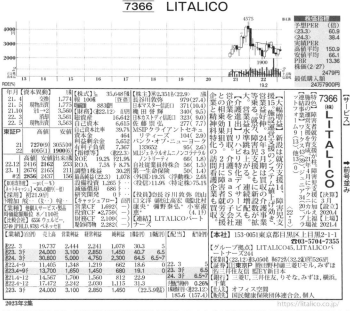

とあります。後半には「介護進出」という見出しで「2月に障害者就労支援企業と精神科特化の訪問企業も買収」とあり、少し会社のステージが拡大して上がってきている印象を受けます。

チャート的には、まだ下落基調が続きそうな雰囲気で、トレンドが転換しているようには見えません。ただ、そもそも株価バリュエーション的には、依然としてPERもPBRもPSRもかなり割高の水準であり、ステージが変わらなければ株価も上昇気流には乗ってこないところでしょう。ただ、PEGレシオにおいて、複眼経済方式（営業増益率平均）を使い、かつ通常今期PERで計算するところを、あえて来期PERベースで計算すると、0・87倍／％とかなり割安な数値を引き出すことができ、ちょっと違う側面が見えてきます。

これは何を意味しているかというと、来期以降の先行きで、利益水準が切りあがってくると現在の株価は相対的に割安になる、ということです。そこで、コメント欄を今一度反芻すると、介護分野に進出し、新たに会社を買収して拡大していることがわかります。もし、この介護分野の進出が計画どおりに発展すれば、株価反転のきっかけをつかむ可能性は十分にあり得ます。しかも、足元でも「営業益水準跳ね上がる」と言っており、PEG

レシオの結果を後押ししていると言っていいでしょう。

業績面を確認すると、売上高は22年3月期は197億円、23年3月期予想が240億円、24年3月期予想が308億円で、増収率はそれぞれ今期＋22％、来期＋28％と非常に高い伸びです。また営業利益も22年3月期は24億円、23年3月期予想が31億円、24年3月期予想は50億円と尻上がりで、それぞれ増益率は今期＋27％、来期＋61％と極めて成長性が高い状況です。

ただ、足元株価は下落基調から抜け出せず、分析時点の23年3月17日時点で2564円だったのが、直近23年7月14日時点で2262円と、▲11・8％で推移しています。今後の決算発表等で、何らかの転換点を示せればそろそろ反転の可能性はあると期待しています。

6125　岡本工作機械製作所

小型：時価総額244億円　テーマ：環境対策

広島の新工場に国内経済活性化への流れを期待したい半導体関連銘柄

工作機の平面研削盤で国内首位の他、半導体製造装置でも300ミリウエハ対応で先行する機械メーカーです。コメント欄に「活況続く」とあり、後半でも「新工場」の見出しのあとに「ロボットやEV向け受注拡大中の歯車は広島の新工場が3月完成予定。半導体関連装置は炭化ケイ素など特殊材料向け製品開発も進める」とあります。

EV向け受注が拡大しているので、環境問題の解決に間接的に取り組んでいる会社ともいえます。ただそれ以上に私が注目したのは、半導体製造装置です。

いま日本の半導体関連企業は、国内回帰を始めています。世界最大級の半導体メーカーである台湾のTSMCが熊本に半導体工場を建設し、2024年12月までに生産を開始する予定になっています。

6125　岡本工作機械製作所

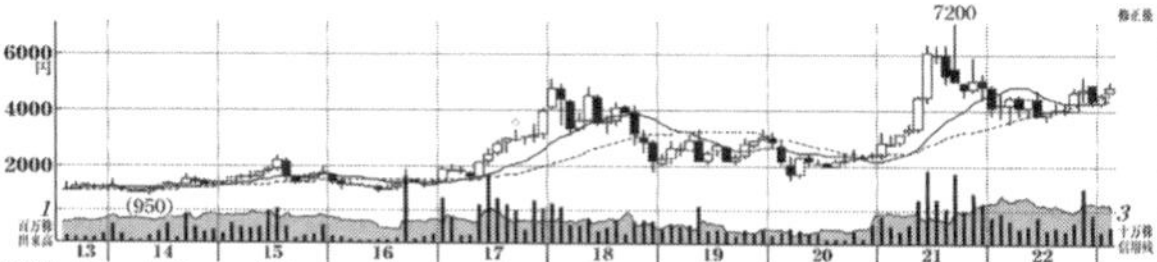

ROE(%)	13	14	15	16	17	18	19	20	21	22
	1.3	▲19.0	10.2	6.1	6.2	19.1	27.0	12.3	10.4	16.3

株価指標
予想PER　（倍）
〈23.3〉　6.8
〈24.3〉　6.2
実績PER
高値平均　9.3
安値平均　4.2
PBR　1.04
株価(2/27)　5180円
最低購入額　51万8000円

【機械】
6125
(株)岡本《おかもと》工作《こうさく》機械《きかい》製作所《せいさくしょ》
【決算】3月
【設立】1935.6
【上場】1963.6
➡前号並み
😊会社比強気

【特色】平面研削盤で国内首位。液晶、半導体製造装置も手がける。汎用機はタイ、シンガポールで生産
【連結事業】工作機械70(6)、半導体関連装置30(30)
【海外】60　〈22・3〉

【活況続く】工作機械は国内外で伸長、半導体関連装置も高成長続き収益貢献大。会社営業益過小。増配。24年3月期は工作機械鈍化も、12月時点で受注残390億円抱える半導体装置が牽引。歯車増産も寄与。
【新工場】ロボットやEV向け受注拡大中の歯車は広島の新工場が3月完成予定、生産能力3割向上。半導体関連装置は炭化ケイ素など特殊材料向け製品開発も進める。

年月【資本異動】		万株
82. 4	無1:0.3	2,001
85. 5	無1:0.25	3,259
90. 5	無1:0.25	4,572
17.10	併10→1	471

東証Ⓢ	高値	安値
63~20	5210(18)	51(01)
21	7200(9)	2265(1)
22	5290(11)	3565(3)

	高値	安値	出来万株
22.12	5010	4185	89
23. 1	4720	4170	38
#2	5200	4645	59

【ROE改善度】+3.0pt(12.3%)
【ネットキャッシュ】79.8億円(3.1倍)
【採用】初‥万円
予10 内定10(女1) 中途‥
【業種】産業機械
時価総額順位 59/133社
【比較会社】7726 黒田精工, 6113 アマダ, 6302 住友重機械

【株式】1/31　4,717千株
単位 100株
時価総額　244億円
【財務】〈連22.12〉　百万円
総資産　53,963
自己資本　23,512
自己資本比率　43.6%
資本金　4,880
利益剰余金　17,373
有利子負債　5,167
【指標等】〈連22.3〉
ROE　16.3%　予15.3%
ROA　6.1%　予 6.7%
調整1株益　684.5円
最高純益(19.3)　3,224
設備投資　1,536　予3,214
減価償却　1,418　予1,478
研究開発　95　予 131
【キャッシュフロー】百万円
営業CF 11,668(　5,922)
投資CF ▲1,547(　▲919)
財務CF ▲3,150(▲3,690)
現金同等物 12,016(　4,778)

【株主】単4,064名〈22.9〉　万株
日本カストディ信託口　30(6.5)
BNPパリバ(Lux)J.FIMルクF.UCITS　19(4.0)
ノムラノミニーズ・オムニバスマージンキャッシュPB　14(3.1)
自社(自己株口)　12(2.6)
三菱UFJ信託銀行　11(2.4)
三菱UFJ銀行　10(2.2)
ブイ・テクノロジー　9(2.0)
ファナック　9(1.9)
日本マスター信託口　8(1.9)
あいおいニセイ同損　7(1.6)
〈外国〉16.3%　〈浮動株〉37.1%
〈投信〉‥%　〈特定株〉29.5%
【役員】(社)石井常路 (副)伊藤暁 高橋正弥 渡邊哲行 山下健治* 吉見威志* (常監)田中良和 瀬川雅夫* (監)山岡通浩* 下崎一生*
【連結】岡本工機, オカモトコーポレーション, 技研

【業績】(百万円)	売上高	営業利益	経常利益	純利益	1株益(円)	1株配(円)
連20. 3	34,305	2,589	2,420	1,582	395.3	100
連21. 3	30,372	1,905	1,869	1,458	364.4	80
連22. 3	37,547	4,081	4,197	2,892	688.6	140
連23. 3予	45,000	5,500	5,400	3,600	766.1	160
連24. 3予	48,000	6,000	5,900	3,900	830.0	160~170
連22.4~9	22,382	2,662	2,701	1,878	410.5	80
連23.4~9予	24,000	3,000	2,950	1,950	415.0	80~85
連21.4~12	26,389	2,515	2,606	1,849	451.1	
連22.4~12	33,228	4,124	4,055	2,783	604.0	
会23. 3予	43,000	4,800	4,700	3,200	(22.5.12発表)	

【配当】	配当金(円)
21. 3	50
21. 9	60
22. 3	80
22. 9	80
23. 3予	80
23. 9予	80~85
24. 3予	80~85

予想配当利回り　3.09%
1株純資産(円)〈連22.12〉
5,004(4,471)

【本社】379-0135群馬県安中市郷原2993
☎027-385-5800
【工場】安中
【営業所】首都圏, 北関東, 大阪, 名古屋, 広島, 仙台, 富山, 福岡, 静岡
【従業員】〈22.12〉連2,170名 単466名(42.3歳)年600万円
【証券】上東京Ⓢ 幹大和, 野村 名三菱U信 監あずさ
【銀行】三菱U信, 三菱U, 横浜, 政策, みずほ
【仕入先】山善, ファナック
【販売先】山善, ユアサ商事

2023年2集
https://www.okamoto.co.jp/

これに伴って海外に出ていた日本の半導体関連企業でも、国内回帰の動きが始まっています。またＥＴＳホールディングスの項で述べたように、政府のデジタル田園都市国家構想もあり、これらが相まって半導体需要がさらに高まることは間違いありません。

これまで半導体メーカーは台湾と韓国がメインでしたが、台湾は中国による侵攻リスクがあるため、アメリカを始め先進諸国は日本への工場移転を望んでいます。国内での製造に追い風

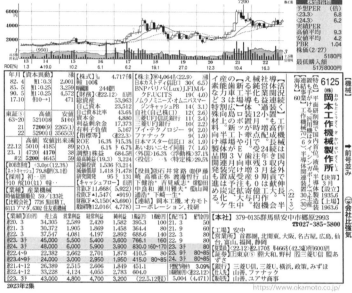

が吹いている中、この会社では広島に新工場を建設します。工場ができれば雇用も生まれ、現地での社会的波及効果も大きく、まさに世のため人のためが実現されていきます。

業績を見ると、売上高は22年3月期は375億円、23年3月期予想が450億円、24年3月期予想が480億円で、増収率は今期+20%、来期+7%と今期大きく伸びた後、鈍化を予想しています。また、営業利益は22年3月期は40億円、23年3月期予想が55億円、24年3月期予想が60億円で、今期+35%増益と大きく伸ばした後、来期は+9%増益と鈍化します。ただ、四季報の脇にニコちゃんマークと共に「会社比強気」と出ていますが、これは四季報記者が会社自身の業績予想よりも強気に考えていることを示しており、来期以降についても上振れ余地は十分考えられるでしょう。

株価バリュエーションで見ると、予想PERは今期ベースで6・8倍、来期ベースで6・2倍と極めて割安で、PBRはおおよそ1倍、PEGレシオは0・4倍/%と極めて割安水準です。また、配当利回りは3・09%と比較的高く、長く持ちやすい銘柄です。

その後の株価推移は、分析時点の23年3月17日に5090円が、直近23年7月14日時点で5660円、+11・2%で推移しています。

5801 古河電気工業

中型：時価総額1683億円

テーマ：環境対策

「夢のエネルギー」に携わり、配当もよい中長期的に期待したい老舗会社

コメント欄後半の「新エネルギー」という見出しが目を引きます。続いて「核融合炉に用いる高温超伝導線材の供給に関して英国企業との関係強化。線材の量産拡大に向け設備拡張も検討」とあります。

核融合炉は、いわゆる次世代型原発で「夢のエネルギー」とも言われています。海水に含まれる重水素を燃料にするため燃料を輸入する必要もなく、海に囲まれた日本では無尽蔵にエネルギーをつくれることから大きな期待が寄せられています。そんな核融合炉の部品を製造していることが、この一文からわかります。

ただし、核融合の実用化は、２０３０年代半ば頃、というのが定説です。最近、２０２４年にも実用化するというベンチャー企業も出てきたようですが、常識的にはもう少し先

5801　古河電気工業

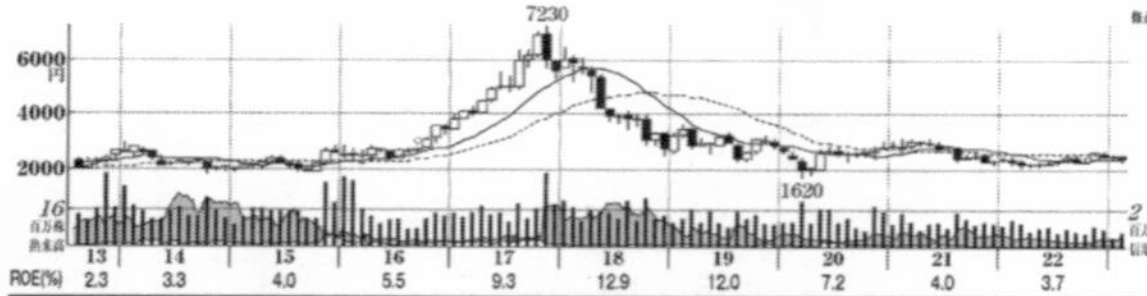

ROE(%)　13: 2.3　14: 3.3　15: 4.0　16: 5.5　17: 9.3　18: 12.9　19: 12.0　20: 7.2　21: 4.0　22: 3.7

株価指標	
予想PER	(倍)
〈23.3〉	11.2
〈24.3〉	9.3
実績PER	
高値平均	17.4
安値平均	10.4
PBR	0.56
株価(2/27)	2382円
最低購入額	23万8200円

【非鉄金属】　↓↓大幅減額

5801
古河《ふるかわ》電気《でんき》工業《こうぎょう》
【決算】3月　【設立】1896.6　【上場】1949.5

【特色】電線御三家の一角。世界有数の光ファイバーを軸に電装等4部門へ多角化。国内縮小で構造改革
【連結事業】インフラ32(2)、電装エレクトロニクス53(0)、機能製品13(6)、サービス・開発等3(▲4)〈22・3〉
【海外】50

【回復続く】車載ハーネスは顧客の生産なお停滞。好採算の電子機器向け部材も中国軸に需要急減速。前号比営業増益幅縮小。24年3月期は上期に電子機器向け部材の低迷続く。ただ車載ハーネスは下期にかけ復調。光や電力ケーブルも堅調。営業益続伸。

【新エネルギー】核融合炉に用いる高温超電導線材の供給に関して英国企業と関係強化。線材の量産拡大に向け設備拡張も検討。

年月	【資本異動】	万株
07. 9	交換	70,652
08. 4	交換	70,653
08.10	交換	70,655
10. 2	交換	70,666
16.10	併10→1	7,066

東証P	高値	安値
49~20	7230(17)	28(50)
21	3115(2)	2181(12)
22	2668(12)	2033(4)

	高値	安値	出来万株
22.12	2668	2439	786
23. 1	2519	2352	440
#2	2546	2263	710

【ROE改善度】▲2.2pt(7.2%)
【ネットキャッシュ】▲2737億円(一倍)
【採用】初21.9万円
予172 内定155(女40) 中途120
【業種】設備機器・部品
時価総額順位 15/118社
【比較会社】5803 フジクラ, 5805 昭和電線H, 5802 住友電工

【株式】1/31 70,666千株
単位 100株　貸借　225
時価総額 1,683億円
【財務】〈連22.12〉百万円
総資産	962,548
自己資本	297,246
自己資本比率	30.9%
資本金	69,395
利益剰余金	183,370
有利子負債	347,301

【指標等】〈連22.3〉
ROE	3.7%	予5.0%
ROA	1.1%	予1.6%
調整1株益		一円
最高純益(01.3)	167,392	
設備投資	381億	予470億
減価償却	337億	予380億
研究開発	207億	予240億

【キャッシュフロー】億円
営業CF	▲132(▲4)
投資CF	▲400(▲19)
財務CF	350(351)
現金同等物	676(871)

【株主】単43,608名〈22.9〉万株
日本マスター信託口	1,069(15.1)
日本カストディ信託口	398(5.6)
BNYM(Lux.)UCITSノントリーティ1	258(3.6)
日カスト銀信託口4	251(3.5)
日本カストディ信託口(みずほ銀)	241(3.4)
DFAInt'lスモールキャップバリュP	139(1.9)
朝日生命保険	136(1.9)
古河機械金属	132(1.8)
日本カストディ信託口(古河機金)	109(1.5)
日本カストディ信託口(朝日生)	105(1.4)

〈外国〉26.9%　〈浮動株〉21.7%
〈投信〉‥%　〈特定株〉40.3%
【役員】(会)小林敬一 (社)森平英也 (取)塚本修* 塚本隆史* 御代川善朗* 籔ゆき子* 斎藤保* 宮本聡 ⇨欄外
【連結】古河電池, FEL, OFS, 古河AS

【業績】(百万円)	売上高	営業利益	経常利益	純利益	1株益(円)	1株配(円)
連20. 3	914,439	23,565	22,771	17,639	250.3	85
連21. 3	811,600	8,429	5,189	10,001	141.9	60
連22. 3	930,496	11,428	19,666	10,093	143.4	60
連23. 3予	1,040,000	15,000	20,000	15,000	213.1	60
連24. 3予	1,100,000	23,000	28,000	18,000	255.7	60~70
連22.4~9	524,527	4,585	13,993	7,938	112.8	0
連23.4~9予	580,000	8,000	10,000	6,000	85.2	0
連21.4~12	670,929	5,073	10,265	3,344	47.5	
連22.4~12	785,920	6,033	10,667	12,433	176.6	
会23. 3予	1,040,000	15,000	20,000	15,000	(23.2.7発表)	

【配当】	配当金(円)
18. 3	80
19. 3	85
20. 3	85
21. 3	60
22. 3	60
23. 3予	60
24. 3予	60~70

予想配当利回り 2.52%
1株純資産(円)〈連22.12〉
4,223 (3,967)

【本社】100-8322東京都千代田区大手町2-6-4 常盤橋タワー　☎03-6281-8500
【営業所】大阪, 名古屋, 福岡, 広島, 仙台, 札幌, 他
【工場】千葉, 日光, 平塚, 三重, 他
【従業員】〈22.12〉連51,170名 単4,283名(43.8歳)[年]696万円
【証券】[上]東京P [幹]野村, みずほ, 大和, 日興 [名]みずほ信 [監]トーマツ
【銀行】みずほ, 政策, 三菱U, 農中, 横浜
【仕入先】一
【販売先】一

2023年2集　https://www.furukawa.co.jp/

の話になるでしょう。ただ、株式投資としては先取りすることが重要で、この段階から意識しておきたいテーマではあります。

業績を見ると、売上高は22年3月期が９３０４億円で、23年3月期予想が１兆４００億円、24年3月期予想が１兆１０００億円で、それぞれ増収率は今期＋12％、来期＋６％の伸びです。他方、営業利益は22年3月期の１１４億円に対し、23年3月期予想は１５０億円、24年3月期予想は２３０億円で、増益

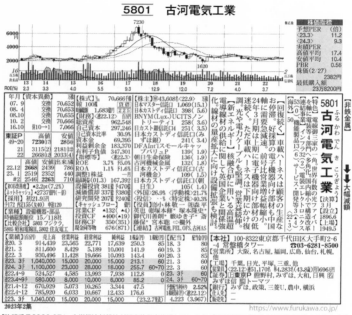

率はそれぞれ今期＋31％、来期＋53％と大幅に伸びる見通しです。これは、元々古河電工は特色にあるとおり「電線御三家の一角」であり、「世界有数の光ファイバーを軸に電装等4部門へ多角化」している会社で、足元は岸田政権のデジタル田園都市国家構想の恩恵を受けていると考えられます。

株価バリュエーション面では、ＰＥＲは今期ベースが11・2倍、来期ベースが9・3倍と割安で、ＰＢＲも0・56倍と極めて割安です。財務面でやや借金過多であり、自己資本比率も30％台と低めである点は要注意です。なお、ＰＥＧレシオでは、東洋経済方式（増収平均方式）では1・04倍／％、また複眼経済方式（営業増益平均方式）では、0・26倍／％と非常に割安に出てきます。予想配当利回りは2・52％と比較的高いといえるでしょう。

その後の株価推移は、分析当初の23年3月17日時点で２３３３円でしたが、直近23年7月14日時点で２５５３円、＋９・４％で推移しています。

第6章

真のESGとは何か

ＥＳＧの昔と今

ここまで、最近のブームに乗って巷でも聞くようになったＥＳＧが、実は曲がり角を迎えているというお話しをしてきました。しかし、ＥＳＧという概念そのものが間違っているのではなく、そのやり方に色々と問題があった、という点もご紹介してきました。

いよいよ、ＥＳＧも次なる進化へ向けて脱皮をするタイミングが来ているように思います。そして、その進化の主役は、皆さん一人ひとり、個人個人であることをお伝えしてきました。ほんのちょっとだけ頑張れば、皆さん全員が「個人ＥＳＧ投資家」として「じぶん目標」の解決へと自分のお金を投資し、「世のため、人のため、ひいては自分のため」の「セルフＥＳＧ投資」を実践できるのです。

ただ、進化を遂げよう、といっても、それはこれまでの歴史が礎としてあるからできることです。ＥＳＧも、ある日突然生まれてきたわけではありません。これまでの経緯、経験、失敗、改善があって、いまがあります。そこを無視してしまっては、結局同じ失敗を繰り返してしまう恐れもあります。

そこで、この最終章では、あらためてＥＳＧとは何か、その歴史的な経緯を簡単に振り返りつつ、いま現在はどのような立ち位置にいるのか、国際政治における議論も含めて、ＥＳＧの現在位置を見つめていきたいと思います。

ＥＳＧの生い立ち

ＥＳＧという言葉そのものは、２００６年の国連によるＰＲＩ（責任投資原則）で初めて使われたことは、第4章でも触れたとおりです。しかし、実はＥＳＧという概念は、もっと前から存在していました。

元々は、１９２０年代から始まったという説が有力ですが、商業的には１９７０年頃からファンドが設立され始めたと言われています。その後、１９８０年代から１９９０年代にかけて、ＳＲＩ（社会的責任投資）という名称で、世界的にファンドが設定され始めました。日本においては、既にご案内のとおり、私が関わった日興エコファンドが初のＳＲＩ投資信託として１９９９年に設定されました。その後、大手各社も同様のファンドをつくりますが、いずれも変わり種の小規模ファンドの域を出ませんでした。

図表6-1　ESGの歴史的経緯

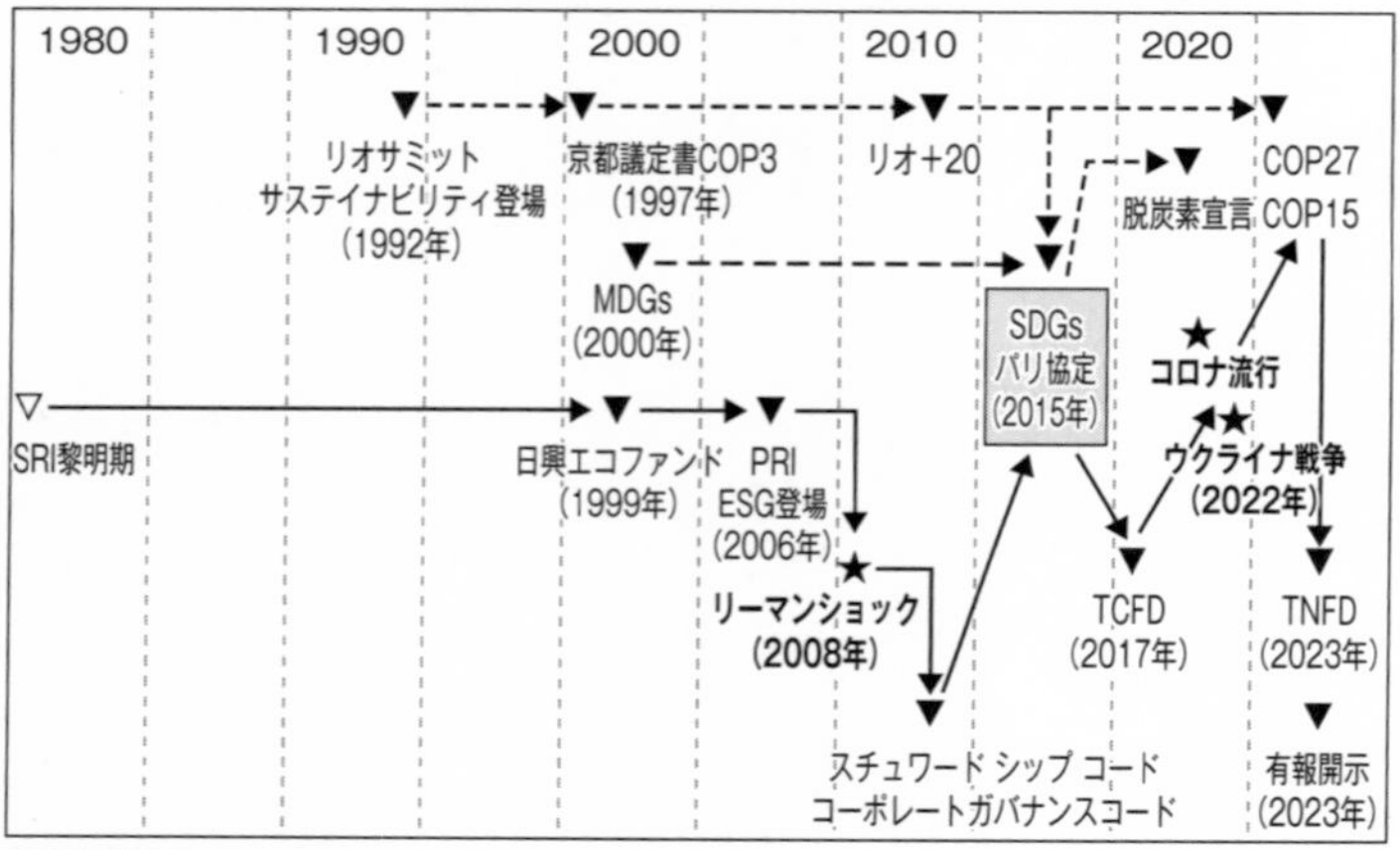

出所：筆者作成

ちょうどその頃、国際政治の舞台では、非常に大きな出来事がありました。これが、1992年、ブラジルのリオで開催された、「環境と開発に関する国際連合会議」、いわゆるリオ・サミットです。「サステイナビリティ（持続可能性）」という言葉は、オフィシャルにはこの会議で初めて使われるようになったのです。

国連加盟のほぼすべての国である172か国がこの場に集合し、当時史上最大の国連会議となりました。この場で、世界全体で持続可能性を追求することが合意され、宣言されたのです。

ところが、国連というのは世界中の政治家が集まる場所です。普段の国内政治でも「総論賛成、各論反対」などと言われますが、リオで決まった方向性を具体化するプロセスで、特に先進国と発展途上国の間で利害が対立し、国連での議論が完全に停滞します。これが、２０００年から２０１０年代にかけての、国連における「失われた10年」でした。

これを象徴するのが、ＭＤＧｓの失敗です。皆さんがご存じのＳＤＧｓには、実は兄貴分がいて、ＳＤＧｓがつくられる15年前にＭＤＧｓは生まれたのです。おそらく、ほとんどの方は、このＭＤＧｓを聞いたことが無いと思います。ＭＤＧｓは、ミレニアム・ディベロップメント・ゴールズの略ですが、全く成果を出せないまま、ゴール期限の２０１５年まで放置されてしまった幻のプロジェクトです。

この失われた10年の間に出されたのが、２００６年発表のＰＲＩで、そこでＥＳＧという言葉が初めて使われました。この前後の経緯は、第4章で触れたとおりで、翌２００７年にはアル・ゴアが「不都合な真実」を発表し、ＩＰＣＣと共にノーベル平和賞を受賞します。ここから「気候変動」という言葉が、一般にも広く知れ渡るようになり、メディアも取り上げるようになりましたが、国際政治の場では依然として政治家同士の小競り合いが続いていました。

ところが、この直後の２００８年の秋、世界を揺るがす大事件が起こります。リーマンショックです。潰れるはずのなかった大銀行が突然破綻し、世界中が大パニックに陥りました。株価は連日暴落、経済が停止し、世界に暗雲が立ち込めました。

この時の反省は、暴走する企業や金融機関を誰も止められなかったことだ、と言われるようになります。そこで、各国政府は「コーポレート・ガバナンス・コード」と「スチュワードシップ・コード」という2つのルールを新たに策定しました。これは、企業側に規律を求めると同時に、投資家側にも監視という責務を負わせるもので、企業側と投資家側が協力して、内外両面からガバナンスを強化して問題発生を食い止めよう、ということです。

金融機関と機関投資家は、これを受けて具体的に何をどうすればいいか、を議論し始めました。そのとき、関係者の間で思い出されたのが、つい数年前に国連が言い出したあの「ESG」でした。ESGのGは、たまたまガバナンスのGだったのです。

これらと並行して、国際政治側でも動きが出始めます。MDGsがいよいよ何も進まなくなる中で、そのゴール期限である2015年が迫ってきていました。このまま本当になんの成果もないまま終わる訳にはいかない国連は、MDGsを発展的に解消して、次なるプロジェクトを立ち上げるべく動き始めたのです。

同時に、１９９７年に京都議定書で定めた脱炭素に関するルールも、改訂が迫っていました。この２つを同時に２０１５年という節目の年に、あたらしいプロジェクトとして再出発させることになりました。それが、「ＳＤＧｓ」と「パリ協定」です。

いみじくも、リーマンショックを経てＥＳＧを軸に改革を進めていた金融界も、このＳＤＧｓとパリ協定は、親和性が高く乗りやすい船でした。そこで、ＥＳＧ、ＳＤＧｓ、パリ協定の３つがこの２０１５年に結果的に融合して二人三脚を始めることになったのです。いわば、政界と産業界と金融界がこのテーマの下に初めて一緒になったのです。

こうなると従来バラバラに動いていたものが協力体制になりますから、一気に世の中に浸透し始めます。特に日本においてはブームのような様相となり、一時期はビジネスマンの誰もがＳＤＧｓバッジをつける、という光景まで目にするようになりました。

その後、２０２０年には日本で菅政権による「脱炭素宣言」が発表されます。同様に、世界各国で脱炭素が重要政策として推進されていきました。

ところがこの年、またしても世界を揺るがす大事件が起こります。コロナ・パンデミックです。人々の往来が規制され、生活が一変します。様々な価値観の転換が起こりました。そして、さらに追い打ちをかけるように、２０２２年、ウクライナで戦争が勃発します。このことで、特にヨーロッパにおいては、それまで天然ガス輸入をロシアに頼っていたものが停止してしまい、このままで本当に冬を越せるのか、という社会不安が噴出しました。その結果、脱炭素政策上は絶対に使ってはいけないとされてきた「石炭」を使用せざるをえなくなります。つまり、パリ協定を軸とした脱炭素政策の足元が、急速に揺らぎ始めたのです。

そして、2023年現在を迎えています。かなり簡素化して歴史の流れをお伝えしましたが、私の見立てでは、リーマンショックという世界を揺るがす大きな出来事がなければ、ESGもここまで発展しなかったこと、そして、いまコロナとウクライナ戦争という2度目の世界的な出来事に直面しており、ESGは次のさらなる進化の節目にいる、ということではないかと思うのです。

資本主義の限界

リーマンショックは、いまから15年前に起こりました。当時、100年に一度の出来事だ、と言われていましたが、そもそもなぜリーマンショックが起こったのか、そしてリーマンショックはその後解決されたのか、いま一つ判然としません。

個別の原因はさておき、本質的にリーマンショックが起こった原因は、資本主義システムの限界が来たからではないか、と私は考えています。

このことは語り始めると、それこそ本が一冊書けてしまうことになると思われますので、それは別の機会に譲るとして、ここでは結論的なところだけ触れましょう。

私は、これは「紙幣」という仕組みから捉えるとわかりやすいのではないかと考えています。皆さんがよく知る1万円札や5千円札、というのは、実はタダの紙切れです。単に、そこに紙幣としての印刷がされているだけのものです。ですから、破ってしまえばわかるとおり、紙屑にしてしまうとなんの価値もありません。

では、コイン（硬貨）はどうか、というと、こちらは重みもあり、紙よりは価値がありそうです。実は、人類はかなり古くからコインを使ってきました。日本では大判小判というものもありましたし、ヨーロッパでも古くから金貨や銀貨が使われていました。さらに昔では貝殻などを貨幣として使っていました。それらは紙きれとは異なり、コインそのものに価値があったわけです。

ところが、産業革命前夜の１６００年代に「紙幣」が誕生します。それまでは金貨や銀貨が中心でしたが、経済発展のスピードに製造が面倒なコインでは追い付かなくなり、印刷で済む紙で代わりにしてしまえ、ということになったわけです。

この紙幣のシステムが大英帝国を通じて世界中に広がり、スタンダードとなりました。その後、金本位制やドル基軸、変動相場制などシステムの変遷を経ますが（ここではその詳細は割愛します）、それでも「紙幣」はタダの紙切れにもかかわらず主役としての立場をずっと維持しつづけてきたのです。

ところが、技術の進歩と共に、紙幣の存在意義が怪しくなってきます。最初はクレジットカードから始まり、スイカ・パスモなどの電子通貨、楽天ポイントなどのポイント制度、そしてついにペイペイなどのQR決済などが広がり、人々はいつのまにか紙幣を必要としなくなっています。ひょっとすると、数年後には本当に紙幣自体が、なくなってしまうかもしれません。かつてレコードやCDが消えたのと同じことです。

そして、この「紙幣」の歴史は、「資本主義システム」の歴史とほぼ一致しています。そして、この紙幣や資本主義が誕生してから、おおよそ300年後にリーマンショックが起こりました。

文明史を紐解くと、面白いサイクルが見えてきます。それは、社会システムの寿命が、だいたい300年前後であるということです。たとえば、日本においては江戸時代が概ね300年弱で終了しましたが、これも同じことです。

だとすると、300年前に誕生した資本主義システムも、そろそろ寿命を迎えてもおかしくはないのではないかと思います。事実、その根幹を担う紙幣も、人々から使われなくなっているのです。それがもし正しかったとしたら、株式会社や金融機関も、あり方が根本から変わってしまう可能性があります。お金、という存在の意味が、これまでとは異なってしまうかもしれないのです。

モノが飽和した社会

私がもう一つ気になるのが、「お金の流れがどうもおかしい」という点です。経済学の教科書には、お金は「価値があるところに集まる」と書いてあります。価値があるものにはお金が集まるので高価になる。他方、価値がないものにはお金が集まらず廉価になり、最終的にはゴミになる。ところが、私が思うに、お金は本当に「価値があるところ」に集まっているのだろうか、ということです。

たとえば政治システムです。国における社会課題は、国や自治体に集まった税金を再配分して解決することになっています。しかし現実はそうでなく、政府や自治体に任せても目の前にある社会課題の多くは解決しません。

投資信託も同じです。つまるところ大きな枠組みでは、社会課題の細部にまで解決策が行き渡らないのです。これが民主主義の限界であり、資本主義の限界ではないでしょうか。

これまでは、資本主義のもと、人びとは大量にものをつくり、世の中はどんどん豊かで便利になっていきました。

象徴的なのが家電製品で、たとえばテレビは私たちの祖父母の世代はお金持ちの家にしかありませんでした。大半の人は街中に設置された街頭テレビをみんなで一緒に見ていました。

それがやがて一家に1台の時代になり、さらには2台、3台が当たり前になり、普及率が大きく上がっていきます。

冷蔵庫や洗濯機、掃除機、電話なども、最初は一部のお金持ちしか持てませんでしたが、70年代、80年代と時代を経る中で普及率がどんどん上がっていきます。90年代になると、普及率はほぼ１００％になります。

その後パソコンが出てきて、さらに携帯電話やスマホも普及し、家電製品はこれ以上要らないといった状況になっています。産業革命から３００年で必要なものはほぼ揃い、残るは宇宙開発だけと言われるほどです。その宇宙にしても、わざわざ行く必要があるのかという声もあります。

ものが不足している時代に、資本主義は都合のよい社会システムでした。逆にものが飽和する時代であれば、社会システムを変革する必要があるのではないか。おそらくいまは過渡期で、変化が求められている時代なのです。

特にテクノロジーの進化に伴い、お金が世界中を不必要にグルグル回りだし、そこから生じた問題の典型が環境問題です。世界最適調達という言葉があるように、効率性や合理性を求めるとグローバル化したほうが稼げます。その結果、大量のエネルギーが消費されているのが現代です。

地産地消のように、もっと小さいロットで動いたほうが、ＧＤＰは減るかもしれないが、実は人びとの幸福度が上がるのではないか。近年はそのような議論も出始めています。「お金を稼ぐ＝正義」とは違う価値観が生まれ出しているように思います。

かつては町内会やボランティアが解決していた社会課題

国連食糧農業機関（FAO）の報告によると、人間が生産する野菜やくだもの、ナッツ、種子、油といった作物の約75％は、花粉媒介者の存在が必要だそうです。花粉媒介者とは、おもに野生のミツバチです。つまり私たちはミツバチなどの働きがなければ、食事の7割は食べられないのです。にもかかわらず私たちは、ミツバチにお金を払っていません。

そして子供に「なぜミチバチはタダ働きなの？」と聞かれても答えることはできません。そう考えると、お金はすべての経済活動を計る尺度にはなっていないようです。そこからもいまの資本主義のあり方は、もっと変わっていくように思います。

その一つのきっかけとなるのが、私はセルフESGだと思うのです。社会課題を政府や自治体、あるいはNPOやNGOといった大きなお金を動かせる組織の力で解決することに限界が生じている。政府が吸い上げた税金を再配分するだけでなく、足らない部分を個人がそれぞれの社会課題に基づいて解決していく。政府がやってくれるのを待つのではなく、自分から動いて解決するのです。

これはかつて町内会やボランティアなどが、手弁当で行っていたことでもあります。ただそちらも限界があるので、手弁当でできる範囲はそちらに任せつつ、もっとパワーの要る部分は個人のお金の力を使う。

その一つが株式投資で、ほかに寄付やクラウド・ファンディングといった方法もあります。あるいはものを買ったりサービスを利用するのも、そこにお金を流す行為になります。私の知人に、障害者の人たちがつくるハチミツを熱心に買っている人がいます。これも障害者の人たちにお金が行くことになります。

方法はいくらでもあります。それらの手段を通して、これまでお金が流れていなかった隙間にお金を流す。ＥＳＧファンドのように一度に巨額なお金は動きませんが、「塵も積もれば山となる」とあるように、自分たちに近い範囲におカネを流していけば、結果的には大きなうねりになるのです。

脱炭素政策は、本当に有効か？

さて、これまでのあり方が疑問視されているのは、資本主義やお金の流れだけではありません。ＥＳＧやＳＤＧｓの象徴ともいえる脱炭素についても、様々な議論が出ています。

この話をする前に、ここだけはハッキリしておかなければなりませんが、国連の研究組織であるＩＰＣＣ（気候変動に関する政府間パネル）は、いまなお気候に関する世界最高の研究グループであり、その知見についてはこれを上回るものはありません。よって、根拠の乏しい推論によって地球温暖化が嘘である、と主張する研究者もいますが、それには私は懐疑的です。

ただ、ＩＰＣＣの研究成果が絶対か、と言うとそうとは言い切れないのも事実です。これは科学の限界、ともいうべき部分であって、特に気候という現象は人間が自分で再現できるものではなく、このためコンピューター・シミュレーションによって様々な結論を導き出す必要があるものの、気象を取り巻く要件はあまりに複雑で、どの原因が何を引き起こしているのかを単純な相関関係だけでは説明しきれない、という限界があります。

それでも、IPCCは不断の努力の結果、その精度を極限まで上げており、直近では信頼度を95％まで達成したと報告されています。この中で、特に温暖化への影響度の高い要因として、CO_2が挙げられています。

確かに、95％の確度というのは非常に高い数値であり、のこりの5％の不確実性を以てこの研究結果に異論を唱えてもあまり意味がないでしょう。ただ、ここでの問題は、原因がCO_2であることはわかっても、その原因を取り除けば地球温暖化を即座に止め元に戻すことができるのか、というとその点はまだ誰にもよくわかっていない、ということです。

つまり、一生懸命原因であるCO_2を削減しても、温暖化が中々止まってくれなかったり、あるいは正常に戻るのに予想以上に時間がかかってしまったり、ということは十分考えられるわけです。これは、いままで誰もCO_2を削減した経験がないわけで、地球がどのような反応をそれによって示すのか、いくらシミュレーションしても想像の範囲を超えないのです。

では、だからといって脱炭素政策を疑って何もしなくていいか、というとこれも駄目でしょう。というのは、「努力の結果がどうなるかわからない」だけであって、逆に言うと、CO_2を減らせば減らしただけ、気温が即座に反応してどんどん下がってくれることも、当然十二分にあり得るわけです。もしそうなのにもかかわらず、疑わしいから何もしない、とサボってしまったら、せっかくのチャンスをみすみす潰してしまうことにもなるわけです。

このように「誰にもわからないことを、皆でなんとか理解し合意して進めなければならない」という点に、地球温暖化問題の難しさの本質があります。これも人類がいままで経験してこなかったことで、コロナについても然り、従来のシステムや価値観だけでは、物事が先に進められなくなっていると感じます。

気候変動以上に深刻な生態系の崩壊

気候変動にばかり注目が集まりがちですが、生物多様性についても危機感を抱いている人も日本には多いのではないでしょうか。たとえば私が子供の頃は、クワガタやカブトムシを近所でふつうに見かけました。それがいまはほとんど見ることができず、昆虫や植物の世界は極めて危険な状態になっています。

そう考えたとき私は２０２３年を「ＣｔｏＮシフト元年」と位置づけています。ＣはＣｌｉｍａｔｅで「気候変動」、ＮはＮａｔｕｒｅで「自然環境（生物多様性）」です。

従来ＥＳＧやＳＤＧｓ、パリ協定など国連や国際政治主導で問題視されてきたのは、気候変動が主で、自然環境は従といった案配でした。しかし、実際には自然環境について、世界的に深刻な問題が増えていることがわかってきました。

先ほど述べたように、人類は食糧の75％をミツバチなど花粉媒介者に依存しています。ところが最近の研究によると花粉媒介者の絶滅率が世界的に急上昇しているといわれています。

背景には、都市化を中心とした土地利用法の変化、人工的な農業形態、殺虫剤の使用量の増加による花粉媒介者の生息地の大規模な損失や劣化があると考えられています。さらには気温の上昇や干ばつ、洪水、その他の極端な気候変動に伴う開花時期の変化も影響を拡大させているといわれます。

また近年、熊が市街地に降りてくるケースが増えています。これも気温上昇などの気象条件のほか、土地開発等により森が傷み、熊の食料となる木の実や野草、小動物などが減っていることが原因とされます。人間も動物で生態系の一部ですから、生態系が崩れるとたちまち死んでしまいます。これがいま切実な問題として指摘され出しているのです。

「ダスグプタ・レビュー」

こうした議論の発端となったのが、２０２１年にイギリスが公表した「生物多様性の経済学」です。人間の経済活動と自然生態系との関係を示したもので、ケンブリッジ大学名誉教授のパーサ・ダスグプタ氏が書いたことから「ダスグプタ・レビュー」と呼ばれています。報告書では生態系が危機的状況にあると警告しました。

調査によると１９９２年から２０１４年までの間に道路や建物などの「人工資本」が2倍に増えたのに対し、「自然資本」は40％近く減少したそうです。そこからダスグプタ氏は人間の経済活動を生物圏に組み込むことや、自然を「資産」として評価する考え方を提唱しています。

これが国連を始め国際世論における、一つのベースになりつつあります。２０２２年に昆明とモントリオールで開催された第15回生物多様性条約締約国会議（ＣＯＰ15）では、自然環境の保全と再生に向けた「30 by 30（サーティ・バイ・サーティ）」が掲げられました。これは、2030年までに地球の海・陸それぞれの30％を保全する、という目標です。

ちなみに気候変動問題が一般に拡がったきっかけの一つとされているのが、2006年に同じくイギリスが公表した「スターン・レビュー」と呼ばれる報告書です。経済活動と気候変動との関係を評価したもので、気候変動が地球的規模のリスクと指摘し、これが世界の脱炭素の潮流をつくっていきました。「ダスグプタ・レビュー」は、生物多様性分野におけるスターン・レビューのような位置づけになると言われています。

自分で社会課題を見つけ、解決する時代

2023年5月にアメリカ・フロリダ州で反ESG法が成立したことを、第2章でお伝えしました。これはバイデン政権による民主党的なESG重視の価値観にNOを唱えるものです。反ESG法が成立したのは、現在のESGが偏っていることにロン・デサンティス州知事やフロリダ州民が気づいたからです。

民主党的なESGがいかに偏っているかを象徴するのがLGBTQ＋の問題です。民主

党は基本的に彼らの権利を保護する立場ですが、その結果、逆に女性の権利が侵害されていると指摘する人は少なくありません。

フロリダ州ではスポーツ大会に元男性のトランスジェンダーの人が女性選手として出場し、軒並み金メダルを獲得し、女性選手が猛反発するといった事件も起こりました。LGBTQ＋と女性の権利の問題は日本でも指摘され始めています。

たとえば一部の自治体が、肉体は男性でも性自認が女性なら女性トイレの使用を認めるとしたところ、治安が保たれないと不安視する声があがりました。公衆浴場も同様で、女性がお風呂に入れないといった状況を生んでいます。

これはESGという考え方自体がまだ発展途上であり、偏っていることの現れでもあります。政府の唱えるESGは、政治家のキャッチフレーズであり、実際には真実でないこともたくさんあります。つまり誰かが考えるESGではなく、自分たち一人ひとりが考えて行動することが大事なのです。

おわりに

最後まで、この本にお付き合いくださり、本当にありがとうございました。

ＥＳＧを、お上に託すのではなく、自分たちの手で実践するべきだ、という想いから、セルフＥＳＧ投資という手法を考えました。これも、多くの個人投資家の皆さんと対峙しながら、きっとこれなら誰でもできる。そして、誰でもできるから、実践した人の数だけ多様性が生まれ、本当に価値あるところにお金が流れる。そう確信するに至ったわけです。

この本では、まだ十分にお伝えしきれていないこともありますが、大切なところは全部書かせていただいたつもりです。この本での出会いがきっかけとなって、一人でも多くの方が、ＥＳＧに関わっていただけたら嬉しいです。

ところで、ＥＳＧという言葉も、ひょっとしたら数年後にはなくなっているかもしれません。そもそも、本の中でもお伝えしたとおり、これも国連が勝手につけた名称ですから、あまりしっくりくるものでもないのです。実際、世界最大の資産運用会社であるブラックロックのCEOラリー・フィンク氏は、「ESGという言葉を使うのを、もうやめる」と先日宣言しました。ご案内したとおり、アメリカでは共和党が反ESGキャンペーンを展開しており、ESGと語ることでビジネス上のデメリットが増えてきたからです。

ESGは、Environment、Social、Governanceの略ですが、いっそのことこれをやめて、「いいね、それは、グッドです」ぐらいに変えてしまったらどうか、と私は思うぐらいです。そのほうが、よっぽど本来のESGらしいと思います。

ぜひ、皆さんが楽しく投資をしながら、ほんとうの幸せに近づいてくれることを祈ります。

最後に、私にこのような出版のチャンスをくださったビジネス社、そしてこの企画を最初から最後までサポートしてくださった編集の中澤直樹さん、そしてここまでの紆余曲折の人生を支えてくれた妻、娘、両親、妹、親戚、同僚、先輩、友人、そして仕事の関係者の皆様、そして複眼経済塾の塾生の皆様に心から感謝したいと思います。

2023年7月19日

瀧澤　信

〔著者略歴〕
瀧澤 信（たきざわ・しん）
1972年12月8日生まれ。成蹊大学経済学部経済学科卒業。1996年、明治生命保険相互会社（現・明治安田生命保険相互会社）入社。1997年、バングラデシュのグラミン銀行創設者、ムハマド・ユヌス氏の下で研修を受け、ESGの道を志す。2000年、株式会社グッドバンカー（日本初のESGファンド「日興エコファンド」の調査を担当するESG専門投資顧問会社）専務取締役COO就任。2002年、野村證券株式会社入社。2006年、株式会社サステイナブル・インベスター（富裕層向けESGプライベート・バンク）を起業、代表取締役社長就任（現任）。2016年、複眼経済塾株式会社・取締役シニアESGアナリスト兼事務局長就任。琉球大学・金融人材育成講座（2007）「環境と金融」講師。清泉女子大学講師。映画「うみやまあひだ」プロデューサー。
（資格・受賞）
公益社団法人日本証券アナリスト協会認定アナリスト（CMA）。英国CMI認定サステナビリティ（CSR）プラクティショナー。マドリッド国際映画祭2015外国語ドキュメンタリー部門・最優秀プロデューサー賞。

編集協力：今井順子

『会社四季報』で発見 10倍稼ぐ！ESG株

2023年 9 月 13日　第 1 版発行

著　者　瀧澤 信
発行人　唐津 隆
発行所　株式会社ビジネス社
〒162-0805　東京都新宿区矢来町114番地　神楽坂高橋ビル5階
電 話　03(5227)1602（代表）
FAX　03(5227)1603
https://www.business-sha.co.jp

印刷・製本　株式会社光邦
カバーデザイン　大谷昌稔
本文組版　有限会社メディアネット
営業担当　山口健志
編集担当　中澤直樹

ISBN978-4-8284-2548-1

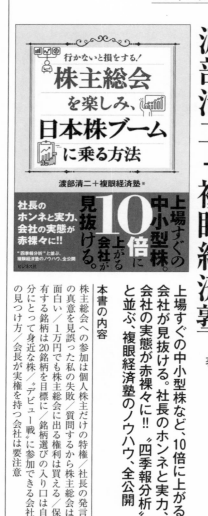